COME TOGETHER

COME TOGETHER

獻給爸、媽以及老哥。

我終於有什麼可以獻給你們。

——

Lucy Diamond

little this, little that!

漫步倫敦市集

CONTENTS

目錄

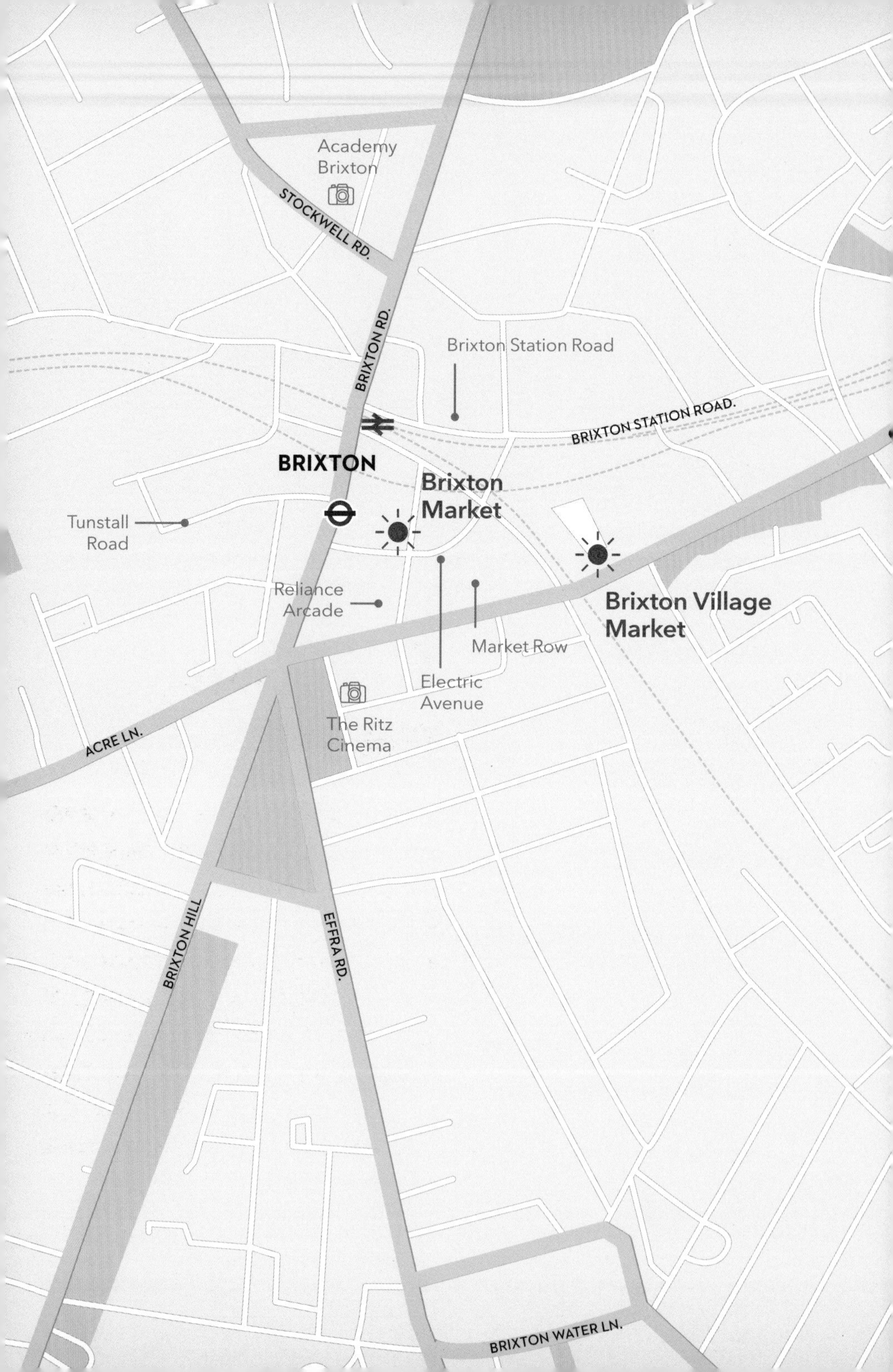
Academy Brixton
STOCKWELL RD.
BRIXTON RD.
Brixton Station Road
BRIXTON STATION ROAD.
BRIXTON
Brixton Market
Tunstall Road
Brixton Village Market
Reliance Arcade
Market Row
Electric Avenue
The Ritz Cinema
ACRE LN.
BRIXTON HILL
EFFRA RD.
BRIXTON WATER LN.

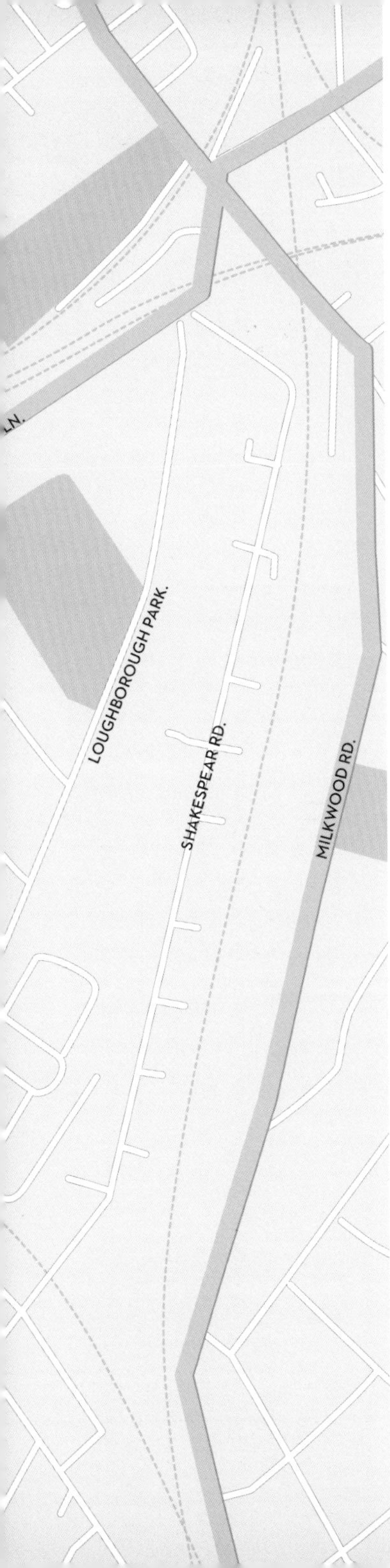

地區簡介

Brixton

布里克斯頓

這裡總有一群音樂人、藝術家、詩人、社會運動者與崇尚波西米亞式生活的人們，使得這個位於倫敦南部 、早期是純樸的農村，現在成為文化活動的大本營，吸引了各種餐廳、旅館與商店爭相進駐。在小巷子裡散散步，或是去市集買些有趣的東西，都令人心曠神怡。這裡多元化而且充滿朝氣，每年夏天都會舉行免費的Brixton Splash Festival，從中午一直至晚上7點，到處充滿音樂、手工藝、美食、藝術與工作坊。總之，在你逛完了倫敦旅遊書上的景點，記得，搭地鐵來這裡走一趟吧！

市集　地鐵　景點

1

Brixton Market

布里克斯頓市集
最普通的日常雜貨都是五顏六色的

1

☞ Electric Avenue、Brixton Station Road、Pope's Road、Atlantic Road與Electric Road
⊜ Brixton站（Victoria Line與Northern Line）
☀ 日常生活市集 週一至六08:00—17:30 週三08:00—13:00

我非常欣賞非洲與加勒比海人的審美觀，因為這裡就連最普通的日常雜貨都是五顏六色的，例如那種流水席的塑膠板凳，光是白色紅色灰色綠色地疊在路邊，就很好看，塑膠桶也是。

這裡是知名的非洲／加勒比海市集。Electric Avenue是1870年代最早擁有電力的一條街，當時市集從Brixton火車站外的Atlantic Road，沿著Electric Avenue發展。有一首由Eddy Grant寫的歌「Electric Avenue」就是描寫這裡。

1950年代大批移民潮之後，這個市集便開始擁有鮮明的非洲與加勒比海色彩，你也可以在這裡找到一些西印度料理的食材，如飛魚、麵包果與各種奇特的肉類。其中有一些販賣宗教相關商品的店家，我經過一家店門口放滿了聖母雕像與十字架，似乎以強大的正向波傳向四面八方，希望洗滌我們的罪惡；還有一間店的玻璃櫥窗裡擺著各種祈福玻璃罐蠟燭，上面寫著「平靜」、「希望」之類的字。雖然我不確定那些祈福蠟燭是否有特別的使用方式，但是每一根高約25公分的各色蠟燭，光是擺著就很好看。

1、2這個市集賣的正是最普通的日常雜貨和各式食材。3白色紅色藍色黃色綠色的塑膠桶疊在路邊，光是這樣就好好看。4賣各種玩具的攤位，看樣子這裡哄小孩不用花太多錢。

2

3

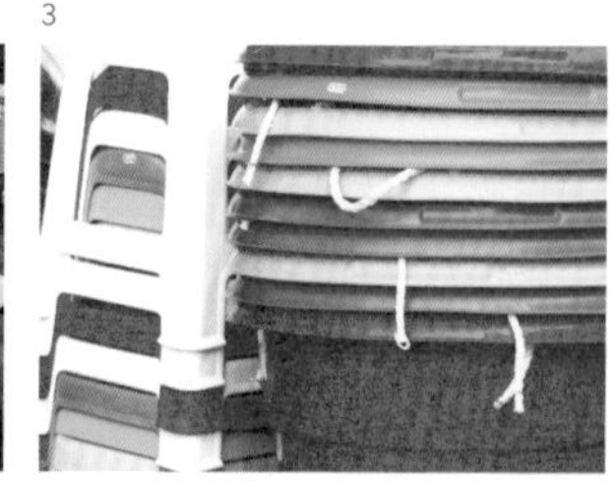

Victory
Dole
Victory

Electric Avenue

原本這條最初的Brixton Market街道以雨棚遮蓋了整條街，現在主要販售水果、蔬菜與服飾。這裡是80年代第一條擁有電力的市集道路，沿著兩旁建築的狹長市集充滿生命力。

Brixton Station Road

戶外市集，正因為非常接近地鐵站而得名。主要販售二手衣、小裝飾品及一些電器用品。週五的時候，這裡的Friday Food Market吸引了很多人，有許多令人垂涎的加勒比海料理攤位。

BANAMIEL
BANAMIEL

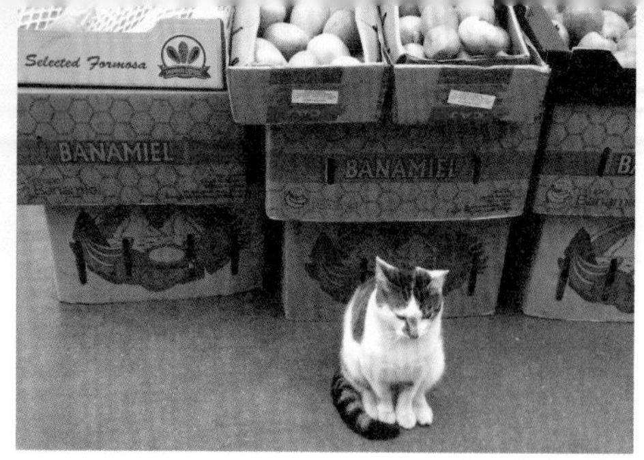

Reliance Arcade

位於Brixton Road與Electric Lane之間的狹長小市集，賣些兒童服飾、相機、手錶等。

Market Row

較大型的室內市集，有各種商店，從肉販到文青咖啡館都可在這裡找到。與Brixton Village Market距離不遠，與Brixton Market其他區域相比，Market Row與Brixton Village Market的調性也比較相近。

Tunstall Road

在Brixton tube 站對面的新興藝術市集。雖然出現在Brixton Market的官網上，但網路上卻找不到任何人去過的介紹，所以這次就錯過了。但如果時間充裕又具冒險精神，可以來這裡一遊。

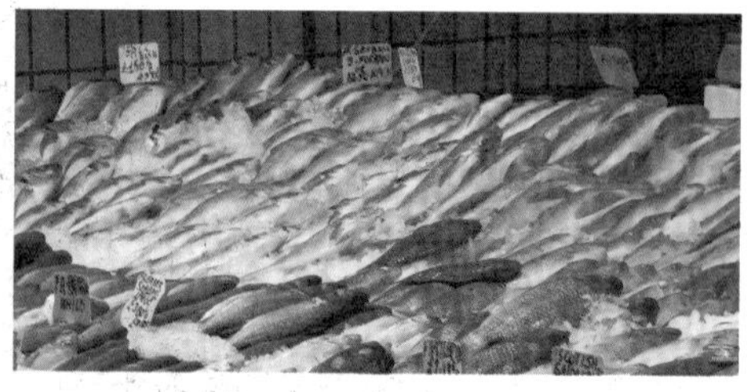

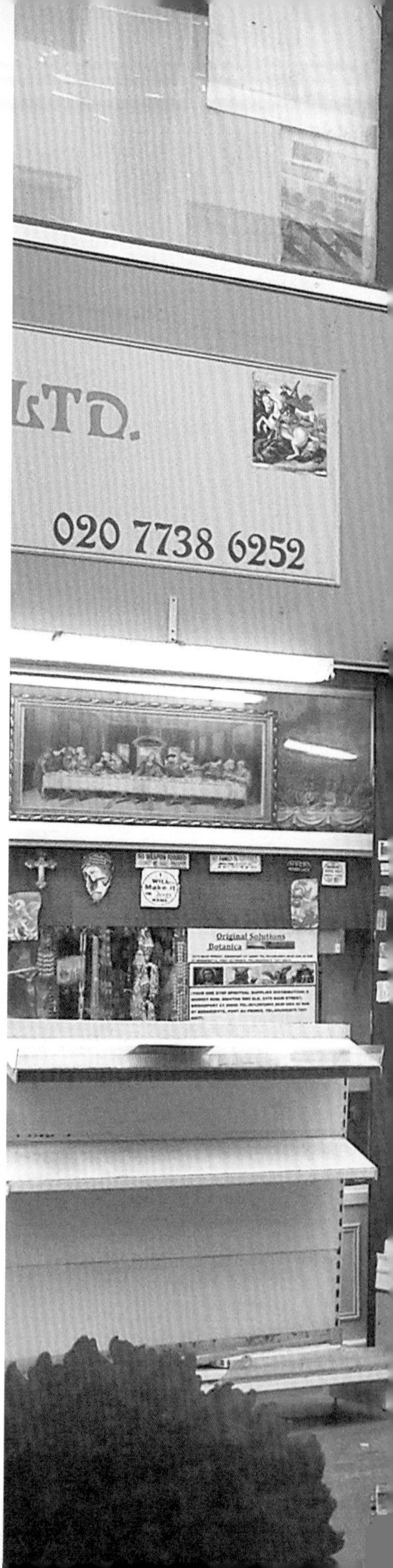
LTD.
020 7738 6252

BRIXTON FOO
VARIETY OF FOOD &
AFRO-CARIBBEAN FOOD
6 market row
Jeffries
Fishmongers
SUPERMALT

1 Seven at Brixton

☞ 7 Market Row

這裡晚上人比較多，但雅致又隨性的布置也很適合白天晃進來點杯咖啡，從書架上拿本書隨手翻閱，就好像這裡是自己舒適的工作室。brunch與午餐提供捲餅與熱三明治，冬天的每日主廚湯還搭配麵包，能讓你溫暖飽足。還有毯子增加舒適度。

SPOT
附近景點

2 Ritzy Cinema

☞ Brixton Oval, Coldharbour Lane

於1910年建蓋，是英國最早單廳超過750席座位的電影院，而且就如其他早期的戲院一樣，內建了一台管風琴。後來1954年管風琴被拆，並經過幾次易主與更改名字，現在這間電影院還增加了一間咖啡館與演唱會場地，除了院線片之外，也經常播放獨立電影。

sonewfangled

Ewan-M

非洲假髮 ……… 1
Wigs

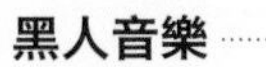

黑人音樂 ……… 2
CDs

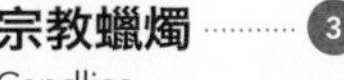
宗教蠟燭 ……… 3
Candlies

1

1 入口處明顯的招牌。2 小巧、有著文藝氣息的Brixton Village Market。

2

Brixton Village Market

布里克斯頓村市集
逛完市集準備認識新朋友吧

☞ 入口在 Coldharbour Lane與 Atlantic Road
㊀ Brixton站(Victoria Line與Northern Line)
☀ 綜合市集
週一至三 08:00—18:00
週四至六 08:00—22:00
週日 10:00—17:00

一位在倫敦認識的新朋友說要帶我逛這裡，可惜後來時間沒喬攏，而我已經要離開倫敦了，於是自己跑來探險。

Brixton Village Market是一個很大的室內市集，挑高的拱廊兩邊是咖啡館、服飾店、非洲布料、手工藝品、假髮、非洲香料雜貨店，以及十幾家來自世界各地的餐廳(大多只供應午餐)。餐廳通常是開放式廚房，有時連菜單都很隨性。店員大都很年輕，有一種讓人愉快的活力。餐廳都允許你自己帶酒(BYO)，而且不收開瓶費。不過這裡的店家幾乎都不收信用卡，許多餐廳還無法預約。《The Observer》餐廳專欄作家Jay Rayner宣稱這裡是倫敦最生氣蓬勃的餐飲之地。

2007年，Brixton Market原來的Market Row與Granville Arcade被賣給了新買主，新東家原先計畫把Granville Arcade原來的建築拆掉，興建成一座10層樓高的大樓，一樓是市集，其他則改為住宅區。不過這個計畫可沒獲得居民的任何好感，在他們的強烈反彈之下，2010年英國政府宣布這裡為二級保存建築，藉以保存英國愈來愈少的拱廊(arcade)，Brixton Village Market於是以這種方式誕生了。

這裡有種即使是來喝杯咖啡也很棒的輕鬆感，所以不僅是週六，平日這裡也聚集了許多人。週四晚上還有現場音樂表演，從晚上7點左右一直熱鬧到10點，就算是自己一個人來，也能盡興而歸，認識許多新朋友。唯一缺點是味道不好聞的公廁。

SHOP
精選好店

1 Rejuvenate

☞ Unit 40, Brixton Village Market

優雅的二手服飾與飾品店，以50年代服飾為主，價格也算合理。但因為老闆開店的時間很隨性，是否能遇上就看緣份吧！

非洲家飾品與香料
Housewear & Spices

FOOD
必嚐美食

2 Agile Rabbit

☞ Unit 24, Brixton Village Market

挑高的開放式空間，牆上貼滿有著各種塗鴉的披薩免洗紙盤，另一面牆上則是大大的表演節目表，通常週四到週六都有樂團表演。你可以透過開放式廚房，大方盯著兩個穿著牛仔褲的帥哥廚師流暢地準備你的披薩（其中一個應該是老闆），可惜他們都有女朋友了。店裡其他幾位女店員也都令人喜愛，有點像電影〈女生向前走〉裡的安潔莉娜・裘莉，面帶微笑地大聲確認你的點餐，還不時隨音樂起舞。菜單上的披薩雖然看似不花俏，隨便點一種，咬下的第一口連我這個不特別喜歡披薩的人都睜大眼睛。也可以只點一片，不用擔心。這裡也有紅酒，是裝在玻璃水杯裡，有大小杯之分。吃完喝完結帳時他們會問你點了什麼，一付不記得也不在乎的樣子。走的時候，你已經跟這間pizza cafe裡的每個人都變成朋友了。

3 Bellantoni's

☞ Unit 81, Brixton Village Market

我非常懊悔錯過這家好店。這間義大利人開的義大利麵店，提供的是搭配義大利紅酒的餐點。麵條都是老闆自己桿的，他還會做義大利果醬、蛋糕與麵包，放在他那小到不行的店裡頭賣。義大利麵的選擇不多，以每日數種特選的方式，搭配沙拉與麵包。這裡的麵條、果醬與麵包，有著優雅、細緻的味道，嚐過的人都很推薦。

4 日本料理大阪燒Onka

☞ Unite 39, Brixton Village Market

十年前來倫敦念書的老闆娘，後來在這邊找到工作，也遇到了終生伴侶。店裡主要賣大阪燒，也有日式炒麵，推薦加點味噌湯與沙拉套餐。坐在吧台看著老闆娘與店員從容地一手包辦所有料理，大鍋子裡的味噌湯正冒著煙，真有一種在朋友家吃飯的感覺。

5 Elephant

☞ 55 Granville Arcade, Brixton Village Market

這間小小的咖啡館獻上的是巴基斯坦街上的小吃料理，例如羊絞肉、雞肉、蔬菜等三種不同口味的thali，另外還有一整盤豔黃色的咖哩雞搭配塗了奶油的鬆軟麵包。這裡會是你人生至少一次的巴基斯坦美食嘗試。

6 Federation Coffee

☞ Unit 46, Brixton Village Market

有人說這裡有倫敦最好喝的flat white，有人讚美它的拿鐵，有人說就連美式咖啡都好喝，當然，以加鹽焦糖製成的shortbread和超級濃郁的布朗尼，也是人人稱讚。這間位於轉角的咖啡館，每個位置都適合觀賞過往的人群，或是寫東西、看書，與併桌的客人聊天。

Circus

HAPPY HOLIDAYS

GRACE

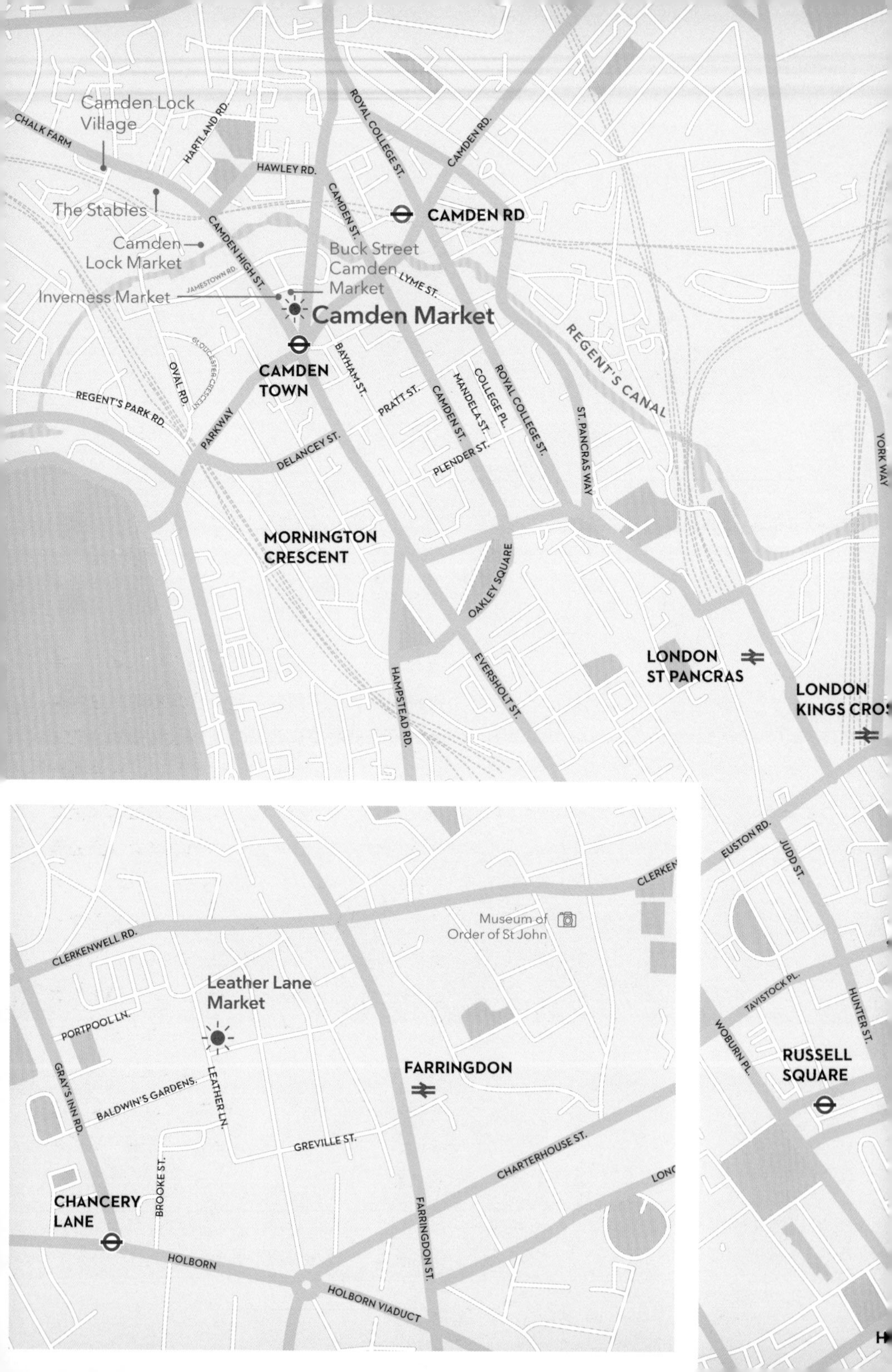
Camden Lock Village
Chalk Farm
Hartland Rd.
Hawley Rd.
Royal College St.
Camden Rd.
The Stables
Camden St.
Camden Rd
Camden Lock Market
Camden High St.
Buck Street Camden Market
Lyme St.
Jamestown Rd.
Inverness Market
Camden Market
Regent's Canal
Gloucester Crescent
Oval Rd.
Camden Town
Bayham St.
Pratt St.
Camden St.
Mandela St.
College Pl.
Royal College St.
St. Pancras Way
Regent's Park Rd.
Parkway
Delancey St.
Plender St.
York Way
Mornington Crescent
Oakley Square
London St Pancras
Hampstead Rd.
Eversholt St.
London Kings Cros
Euston Rd.
Judd St.
Clerken
Museum of Order of St John
Clerkenwell Rd.
Leather Lane Market
Tavistock Pl.
Hunter St.
Portpool Ln.
Woburn Pl.
Russell Square
Farringdon
Gray's Inn Rd.
Baldwin's Gardens.
Leather Ln.
Greville St.
Charterhouse St.
Brooke St.
Lon
Chancery Lane
Farringdon St.
Holborn
Holborn Viaduct

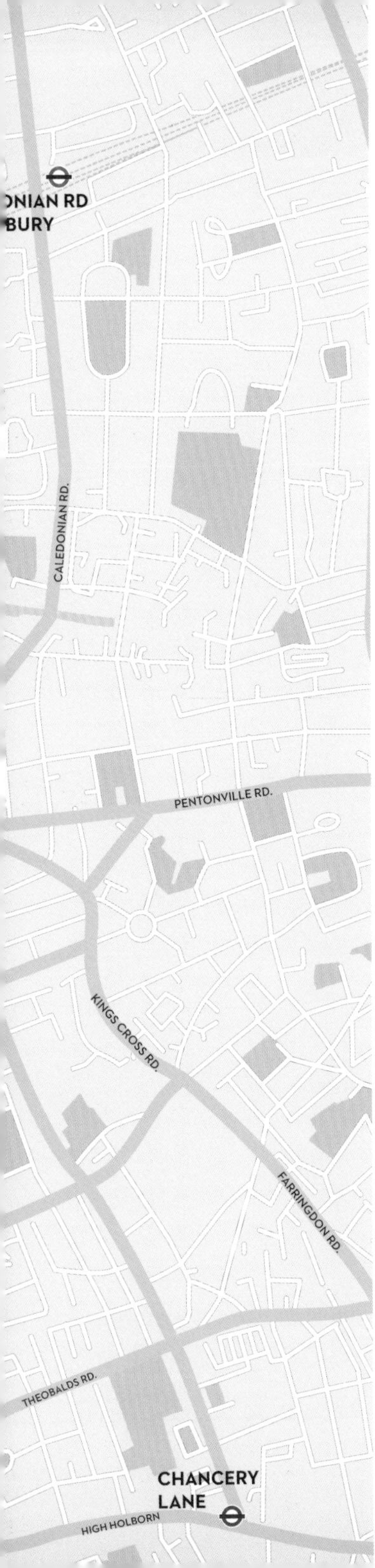

地區簡介

Camden
肯頓

這裡人潮多到我只想用「濃稠」來形容，不見得都是觀光客，倫敦年輕人也偏愛把這裡當作據點。倫敦的夏天雖然不至於酷熱難耐，但在Camden，似乎每個人呼出的二氧化碳都讓這裡增溫了兩、三度。你真想讓眼前這些人都讓出你的視線之外。但是為何大家還在這裡？全是滿街五花八門的新玩意兒，以無比巨大的磁力在作祟，所以儘管你嘴裡嘟噥，眼睛卻沒一刻閒著。真要好好逛完，絕對已經接近夜晚了。這裡也是個不夜城，除了到處可見酒吧與pub，還有其他地方少見的小吃攤徹夜開著，夜半2:30想吃一串中東燒烤，絕對沒問題。在這裡即便是派對，也會以創意的方式舉行，可能是在一間髮廊裡。所以，如果想嘗試道地的Camden夜生活，眼睛請睜大點。

市集　地鐵　景點

3

2

3

Leather Lane Market

萊德巷市集

在這裡買衣服絕對不會內疚

☞ Clerkenwell Road到Greville Street 中間的Leather Land
⊜ Farringdon站(Circle Line、Metropolitan Line) Chancery Lane站(Central Line)
☀ 綜合市集 週一至五 10:30—14:00

繼Exmouth Market的逐漸凋零以及Farringdon Book Market結束之後，Leather Lane Market可說是Clerkenwell唯一的主要市集。一個地方的興衰演變，總是藏著許多故事，那些原來會去Farringdon Book Market與Exmouth Market買東西的人都去哪了呢？我希望不是全被大型書店與一年四季吹著冷氣的超市收買了。現在還會來Leather Lane Market的人，又會在多久之後，或是什麼原因放棄這裡？我衷心希望永遠不會。

因為位於小型商業辦公區，Leather Lane Market兩旁商店的二樓窗戶還可看到正在工作的人們，讓這些現代的公司行號多了些街坊鄰居的親切感。許多上班族都利用午餐時間來逛逛市集，除了在路邊的攤位買三明治充飢，也順便買些蔬果，或為自己挑幾件便宜到不會內疚的新衣。Leather Lane Market就是這麼理所當然的感覺，因應生活而存在。不過不要星期一來，很多攤位都沒擺。

附近有很多像是「銀樓」的珠寶店，還有一整排的住宅，混搭在一起形成很奇特的景象。這個區域給人的感覺很舒服，巷道裡還藏著一些似乎只有內行人才知道的餐廳，不特別招搖地開在那裡，你如果走進去，裡面的客人會投以一種默契的目光，彷彿說著:「啊，是同好。」

1

1 市集兩旁就是林立的小型辦公樓。2 路邊有許多熟食攤位。3 這裡的衣服便宜到亂買也不會內疚。4 市集附近的商業區，充滿復古風情。5 附近的上班族常趁著中午時間來此晃晃。

Argos
Waterloo

1 Magma Bookshop

☞ 117-119 Clerkenwell Road

書店裡有張沙發，如果幸運剛好占到這個舒服的角落，就算你窩著看書一整個下午，也沒人會趕你。這間店裡有很多關於設計、藝術、視覺的書，還有獨立品牌的飾品。

2 路邊的三明治攤子

☞ Leather Lane Market

好吧，如果真不想嘗試太特別的食物的話，就來路邊的三明治攤子，所以的食材都排在眼前，就等著你用手指比這比那地指揮出專屬你口味的三明治，當然好吃或特別與否，也就要看你自己的想像力了。

3 Prufrock Coffee

☞ 23-25 Leather Lane

這間咖啡館是2009 World Barista冠軍的咖啡達人Gwilym Davies開的，在這裡就別點那些花式咖啡了，試試他們的espresso與單品，最多你可以加點牛奶。

4 Department of Coffee and Social Affairs

☞ 14-16 Leather Lane

這家咖啡館的名字跟感覺都太酷了，本來沒打算喝咖啡的我，站在外頭抗拒了一會兒便放棄走進去了。磚牆與簡單的擺設，黑色的桌椅，是一個人也可以很舒服自在的地方。加上採光好，咖啡好喝，還有一直微笑的店員。

5 Museum of the Order of St John

☞ 26 Saint John's Lane

聖約翰博物館收藏了St John從11世紀在耶路撒冷創立醫院開始，一直到現今各種醫療與人道救援的故事，除了珍貴的手稿、銀器、盔甲，甚至還包括St John在第一次與第二次世界大戰中使用的急救設備。

ⓒⓘⓢ Alan Murray

日用品
Daily Use

4

Camden Markets

Camden Lock Market · Camden Stables Market · Camden Lock Village · Inverness Street Market · Buck Street Camden Market

肯登市集

肯登水門市集．肯登馬厩市集
肯登水門村．因弗尼斯街市集
巴克街肯登市集

就算被視為觀光客也一定要去

☞ Camden High Street，Buck Street南側
⊜ Camden Town站（Northern Line）
☀ 觀光市集 週四至日 10:00—18:00
⊕ camdenlock.net

1

2

1來到Camden，絕對不能錯過這幾個知名的市集。2戶外露天小食攤，提供有機食品。3Camden Lock Market裡井然有序的各式攤位，逛起來非常舒適。

Camden這個區域有幾個較著名的市集：Camden Lock Market、Camden Stables Market、Camden Lock Village、Inverness Street Market等。基本上，這幾個市集的創意商品較多，類型與風格多變，包括龐克皮衣、搖滾T恤、歌德風、印度風、蕾絲古典、嬉皮等。CD的攤位從雷鬼到電音都有。

如果不喜歡擁擠的人潮，可選在週四或週五來此，雖然攤位比較少，但與週末相比，老闆比較願意講價。如果可能，請盡量為這裡安排一整天行程，仔仔細細地逛每個市集的攤位與商店，更能體會這些Camden Market每個禮拜吸引15萬人的魅力。

3

Camden Lock Market

在運河旁，是整個「Camden Market現象」的開山始祖，有三十幾年的歷史；而當初僅是個波西米亞風格的手工藝市集。這裡有家具、家飾、布料、訂製畫框、藝術品、CD、獨立書店等。

市集的範圍包括：

West Yard 運河船塢碼頭及水閘旁建築與附近攤位。

Middle Yard 喜劇俱樂部Jongleurs，與另一間pub「Dingwalls」外面。

Market Hall 4層樓的室內市集與商店。

East Yard 可俯瞰運河的區域，有許多攤位與店家。

Camden Stables Market

這是Camden Markets中最大的市集，當初這裡是一間維多利亞時期的馬醫院，現在無數的通道兩旁都是店家，有另類時尚、復古衣店、古董、家具、鞋子、各式各樣的裝飾品等約700家商店與攤位。這裡有一區便宜的亞洲美食外帶區，專賣中國菜、印度菜等份量很夠的便當。

Camden Lock Village

最近整修翻新的市集，動線更為流暢，也增加了幾個出入口。Camden High Street的入口處有很多美食攤位，還可以坐在旁邊一整排用摩托車改成的座椅用餐。市集裡有許多特別的專業小店，如鼓店、玻璃雕刻店等。

Inverness Street Market

屬於傳統市集，較多生鮮蔬果以及一些便宜服飾。

Buck Street Camden Market

位於Camden High Street上的戶外市集，有著大大的「Camden Market」招牌，但其實這一區並不是主要的市集。小小的走道，靴子、紀念品、衣服一攤接著一攤，價格比其他市集便宜，但商品走大眾路線。

Barbican
TRAVEL
ON SELECTED ITEMS

1 Mega-City Comics

☞ 18 Inverness Street

位於Inverness Street Market的漫畫書店。從經典漫畫到各種獨立出版的作品都有。學識淵博的店員相當友善，即便我不知道書名和作者，只能描述漫畫內容，他仍努力地幫我尋找，完成這個不可能的任務。

2 Whole Foods

☞ 49 Parkway

來自美國的有機健康食品超市，除了有機生鮮，還可以找到許多天然保養品。熟食區令人食指大動，每樣菜還冒著煙，是寒冷冬天想找便宜熱食的第一選擇（當然不冷的時候也是）。

3 Out On The Floor Records

☞ 10 Inverness Street

店裡有超過1萬張唱片，包括60與70年代的放克搖滾、靈魂樂、爵士、迷幻、雷鬼、SKA、搖滾、roots與電音等音樂類型。還有一間海報室，有許多經典特別版的海報，甚至包括20年代的女演員Clara Bow。

4 All Saints

☞ 287 Camden High Street

英國超級時尚品牌，充滿英國的性感與酷，是英國名人、IT男孩女孩的最愛。近年甚至與許多知名歌手合作設計，還舉行「All Music Parties」音樂活動，發掘新一代的音樂才華。

5 Music & Video Exchange

☞ 208 Camden High Street

雖然從店門口看起來不怎麼樣，名字也普通，但一走進去，兩層樓庫存了大量正版新舊CD、唱片甚至卡帶，而且各種音樂都有，還有一區只要1英鎊。喜歡音樂的人可以在裡面待上好幾小時，強力推薦。

6 Stables Market的中式與印度料理外帶攤位

☞ 14-16 Leather Lane

幾乎觀光客都聚集在這裡了，人擠人地挑選外帶便當的配菜，然後付完錢就站在旁邊開始吃。因為這裡快速又便宜，正符合吃完繼續上路（shopping）的調調。印度料理普遍為口味重的各式咖哩，不過相當下飯；而中式料理就是那種改良過、適合老外的中國菜。

7 Café Seventy-Nine

☞ 79 Regent's Park Road

非常溫暖、放鬆而愉快的咖啡館，但相對服務也有點慢。有很多美味的手工蛋糕，另外羊奶起司、烤貝果與cream cheese、素食餐點等都有人推薦，總之是樣樣美味的素食料理。

FOOD
必嚐美食

8 LEMONIA

☞ 89 Regent's Park Road

得獎的希臘餐廳，永遠客滿。網路上那些吃過的人對這間餐廳的評價都是四、五顆星，唯一一則抱怨是價錢太貴。「雖然很好吃。」這位名為Chrissy B.的人在留言中補了一句。

SPOT
附近景點

9 Regent's Park

☞ Regent's Park 站（Bakerloo Line）

攝政公園為倫敦皇家公園之一，原來是皇室用來打獵的地方。5千公頃的公園裡包含了London Zoo以及Open Air Theatre，還有一座人工湖，天氣好時，可以見到許多人前來享受陽光與綠意。公園裡的建築也值得一看。

攝政公園裡的綠地、花園與咖啡座。

10 The Jewish Museum

☞ 29-131 Albert Street

倫敦East End是猶太人當初落腳倫敦的地方，館裡收藏了有關猶太人的歷史、文化與宗教藝術，曾經榮獲Museums, Libraries and Archives Council頒發的獎項殊榮。這裡原來是一間鋼琴工廠，猶太博物館花了一千萬英鎊重新整修。

Must Buy!

彩色雨鞋 ❶
Rain Boots

歌德服飾 ❷
Gothic Clothes

T恤 ❸
T-Shirts

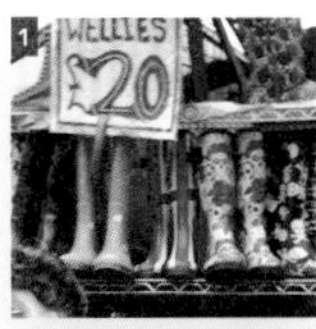

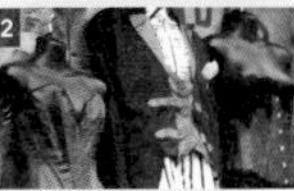

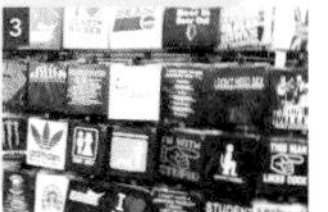

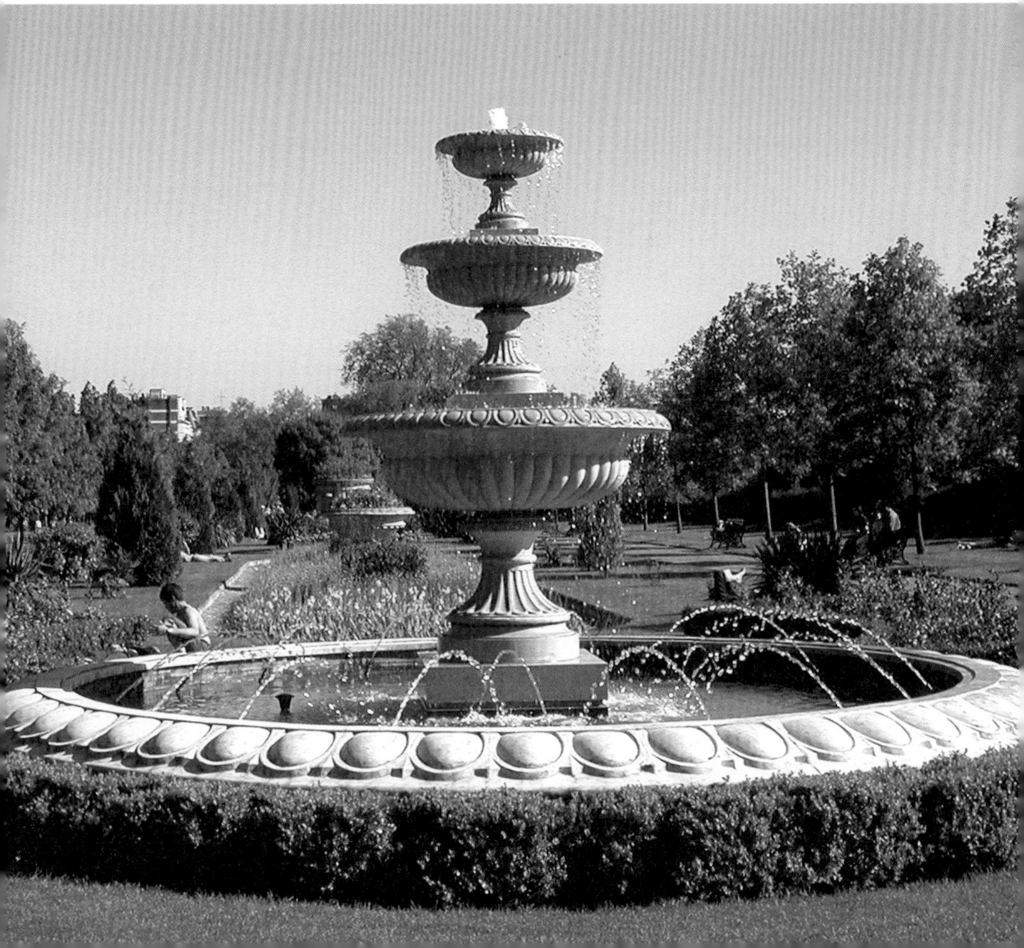

Vanilla
LONDON
Brandshop
.co.uk
CAT
VANS
SALE

SKINS
CLOTHING
FAME
ace
PROGRESSIVE
CLOTHING
020 7267 2336
www.brandshop.co.uk
SALE

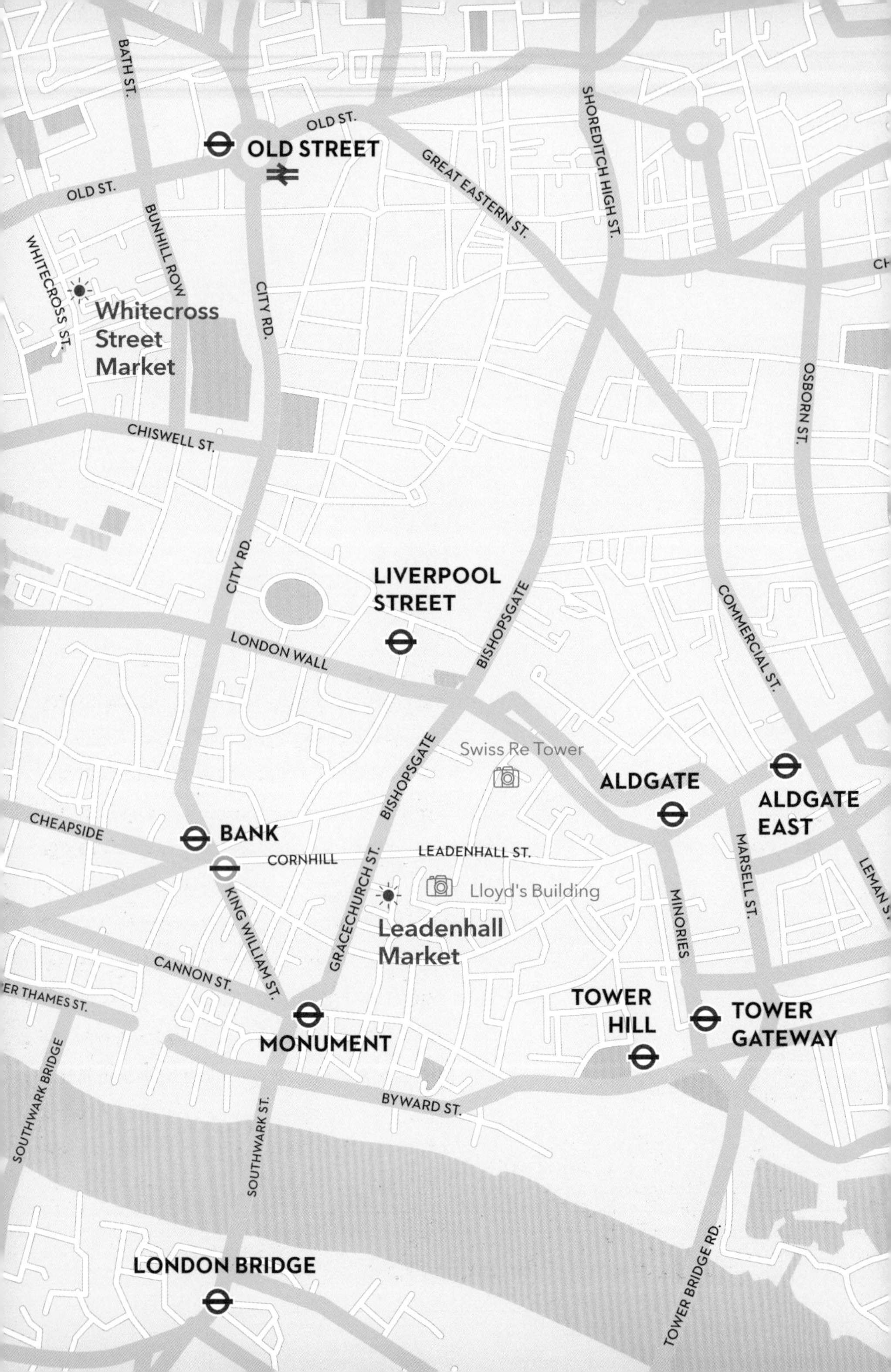

BATH ST.
OLD ST.
OLD STREET
GREAT EASTERN ST.
SHOREDITCH HIGH ST.
OLD ST.
BUNHILL ROW
WHITECROSS ST.
CITY RD.
Whitecross Street Market
OSBORN ST.
CHISWELL ST.
CITY RD.
LIVERPOOL STREET
BISHOPSGATE
LONDON WALL
COMMERCIAL ST.
BISHOPSGATE
Swiss Re Tower
ALDGATE
ALDGATE EAST
CHEAPSIDE
BANK
CORNHILL
LEADENHALL ST.
MARSELL ST.
LEMAN ST.
KING WILLIAM ST.
GRACECHURCH ST.
Lloyd's Building
Leadenhall Market
MINORIES
CANNON ST.
ER THAMES ST.
TOWER HILL
TOWER GATEWAY
MONUMENT
SOUTHWARK BRIDGE
BYWARD ST.
SOUTHWARK ST.
TOWER BRIDGE RD.
LONDON BRIDGE

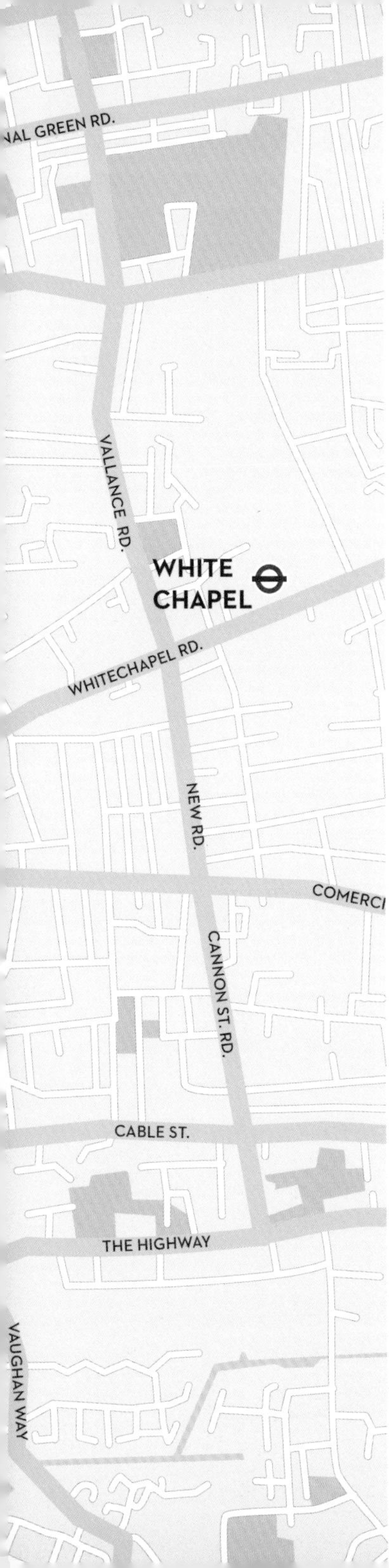

NAL GREEN RD.
VALLANCE RD.
WHITE CHAPEL
WHITECHAPEL RD.
NEW RD.
COMERCI
CANNON ST. RD.
CABLE ST.
THE HIGHWAY
VAUGHAN WAY

地區簡介

City
西堤

這裡是真正的倫敦市「The Cite」，與周遭32個倫敦自治市構成所謂的大倫敦（Greater London）。身為金融中心，上班時間會湧入幾十萬人潮，影響著全球的金融業。這裡有許多經典現代的流線建築，是一處應該隨時抬頭注意高樓的區域。倫敦市和其他區市的交界處，以裝飾了市徽的拴馬柱作為界碑，在舊城門原址和其他重要通道的界碑則立有倫敦市的標誌——龍的雕像。你會很驚訝到處都是龍的足跡。第一次去倫敦自助旅行時，一位什麼事都不動聲色、來自加拿大的錄音師／搖滾樂手突然像是失去控制般地興奮，說：「龍！」我回頭看，身後一座雕花鐵拱門上盤旋著一隻身軀蜿蜒的龍。然後他有點靦腆地說：「可以幫我跟牠拍照嗎？」。

市集　地鐵　 景點

5

Leadenhall Market

里等荷市集

在電影〈哈利波特〉的斜角巷逛街喝咖啡

☞ 1a Leadenhall Market Gracechurch Street
㊀ Bank站(Waterloo & City Line、Northern Line與Central Line)
☀ 創意市集 週一至五11:00—16:00
⊕ www.leadenhallmarket.co.uk

1

這是一個熱愛旅遊的英國朋友推薦的。說起來這是一個相當小型的市集,但這座美麗的建築讓一切都加分了:優雅的維多利亞風格,華美的屋頂結構,讓人不停仰頭讚歎。從14世紀開始這裡就是個市集,賣一些家禽與起司等,後來因1666年的倫敦大火而付之一炬。1881年由Smithfield Market 的建築師Horace Jones重新興建了這棟建築,立刻成為遊客心儀之地,因為這裡就像一個可以吃喝外加買東西的漂亮藝廊。

這裡一切都像帶點時間性的小說場景,而鍛鐵鑲玻璃的屋頂更讓市集中的各個巷弄都採光良好。電影〈哈利波特〉裡的斜角巷(Diagon Alley)就是在這裡拍攝。牆上的字是雕刻上去的,即便Reiss、Jigsaw這些國際品牌也都藏身於古老建築之中。市集的綠色、紅褐色與奶油色調,掛上燈飾後特別有聖誕氣氛。附近商業大樓林立,西裝筆挺的人們拿著一杯啤酒,站在完全不屬於他們的古典空間裡休憩著。

2012年的倫敦奧運也把這個市集納入馬拉松的路線中,一板一眼的英國人會有如此浪漫的規劃,讓人想為他們喝彩。

2

3

1正在拍著美麗的屋頂雕刻時,發現店裡的老闆好奇地盯著我看。2這裡應該算是觀光市集,就連水果攤都以比較精緻的方式呈現。3牆上的字都是雕上去的。4、5這個市集出現在許多電影場景中。

SHOP
精選好店

ⓒⓘⓞ Loz Flowers

1 The Pen Shop

☞ 8-9 Leadenhall Market

歐洲最大的文具用品連鎖品牌。店裡筆的種類多到無法想像，品牌包括：Montblanc、Faber Castell、Caran d'Ache、Cross、Parker與Waterman等。

2 手工皮帶攤

☞ Leadenhall Market

在現場可以看到設計師正在創作，用工具在皮帶上雕出花樣，是一位很有才華的年輕設計師。只可惜設計師不太願意讓我拍他的作品。

3 Moroccan Oil

☞ Leadenhall Market

一個專賣摩洛哥商品的攤位，除了最有特色的摩洛哥香料按摩油，還有香膏、手工藝品等商品。沉默的女老闆自己看起來就像是來自遠方的旅人，連身旁的空氣都有種異國風情。

4 Cheese @ Leadenhall

☞ 4-5 Leadenhall Market

位於市集的角落，店裡超過一百種來自英國與歐洲各地的起司，還有一間小小的紅酒吧，皆為適合搭配起司的酒款。中午供應以起司為主的簡單菜色，如義大利麵、西班牙燉飯等。

5 PAUL

☞ 61 Leadenhall Market

這間有名的法國糕餅店在古色古香的Leadenhall Market裡十分對味，在倫敦的古典氣氛中享受法式優雅。這裡提供早餐、午餐、新鮮烘焙的麵包、蛋糕、可麗餅、三明治等。特別推薦黑巧克力塔。

摩洛哥香氛油
Morocco Fragrance oil

手工皮帶
Handmade Belts

起司 ······ 1
Cheese

ⒸⓘwordRidden

6 Hotel Chocolat

☞ 16 Leadenhall Market

位於Leadenhall Market的分店雖然不大，但也是整間堆滿了各式各樣的巧克力。Hotel Chocolat是英國目前唯一擁有可可亞田的巧克力品牌，他們也在Saint Lucia的可可亞田附近開了一間真正的旅館Boucan。

7 Lloyd's building

☞ 1 Lime Street

Richard Rogers的作品，並花了8年的時間建造。將所有的排氣管、電梯、樓梯等全部暴露在建築之外，鋼骨架構加上玻璃帷幕牆面，這棟Lloyd's building營造出一種像是引擎般複雜細節的歌德風格。

8 Swiss Re Tower

☞ 30 St Mary Axe

由Foster and Partners設計，這座40層樓高、被暱稱為「gherkin」（小黃瓜）的金融重鎮，創造了倫敦天際線中最獨特的線條。這樣的設計並為大樓節省了50%的能源使用，是倫敦第一棟環保摩天樓，2004年得到Royal Institute of British Architects的Stirling Prize 。

6

Whitecross Street Food Market

懷特跨斯美食市集
難以抗拒地從頭吃到尾

☞ 在Old Street與Errol Street之間的Whitecross Street西側
⊜ Old Street站(Northern Line)
Barbican站(Metro Line與Circle Line)
☀ 美食市集 週一至五11:00—15:00,但週四、週五的攤位比較多

1

1 這裡雖是美食市場,不過生鮮蔬果的攤位很少,主要以熟食為主。2 這個攤位專賣派與糕餅,賣餅的大叔跟朋友很能聊。3 這裡香味四溢,各種攤位都像是使出絕活一般。

Whitecross Street在2011年Google Street View Awards中,被英國人票選為全英國第三大時髦街道。

在此可能需要先定義一下這種英國人所謂的「時髦」。這裡並沒有什麼光鮮亮麗的服飾店,街上唯一與服飾相關的,是一間塞滿各種舊衣的慈善舊貨商店(thrift shop),而店裡一條很暖的圍巾才賣4英鎊。英國人認為Whitecross Street時髦的原因,是因為這個市集的世界感。

Whitecross Street Food Market想當然爾與食物有關,走在這條街上,你能從食物傳來的陣陣香味感受到一種開放的世界感:熱騰騰的印度、泰國、巴西、土耳其、墨西哥等料理,甚至還有德國美食。其中幾個明星攤位前總是有人排隊,看起來像是在附近上班的人。大家都愛這裡的Scotch Egg、burrito和希臘沙拉,但其實每一樣都有人對它讚不絕口。此外還有數不盡的生鮮食材、甜點糕餅等。還有位英國胖叔叔在自己的攤位上跟人閒聊,攤子上用各式各樣的容器裝著少見的進口零食,其中竟然被我發現一種很好吃的日本米果,而且整個攤子賣的日式零食只有這一種。胖叔叔當初應該是嚐到了它的美味,憑著一種呷好道相報的心情進貨的吧。就這樣這裡吃吃,那裡嚐嚐,我很難抗拒地從頭吃到尾了,最後,在旁邊的咖啡館以一杯正直的公平交易咖啡畫下一天的句點。完美。

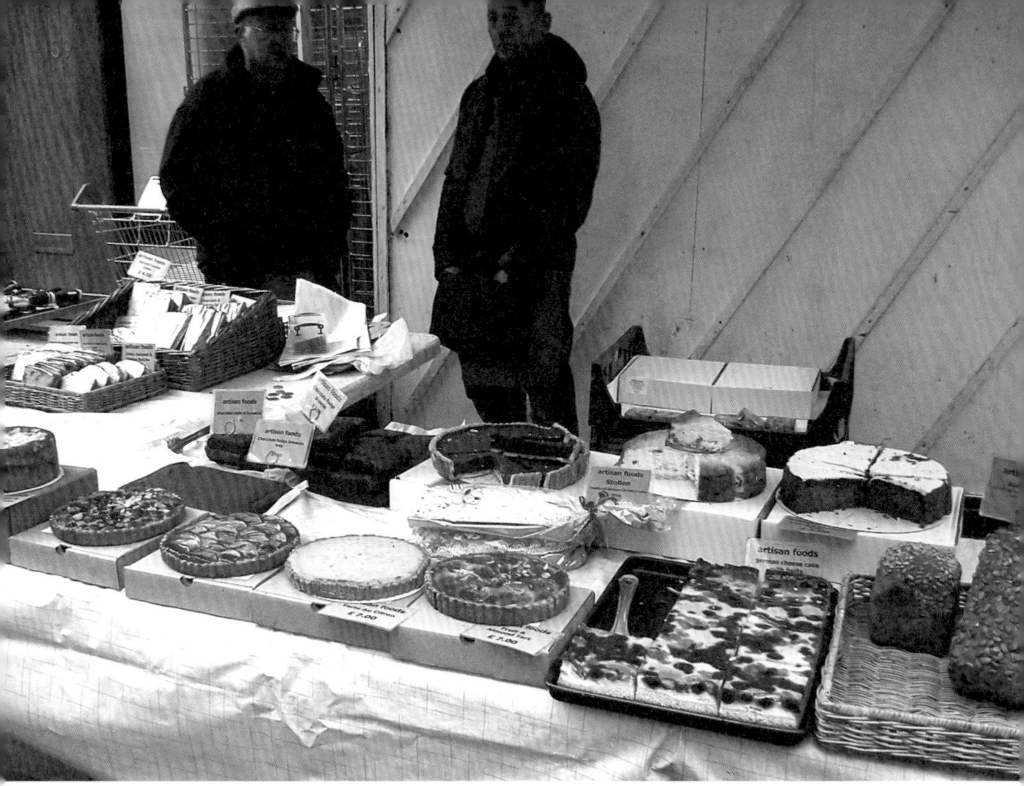

artisan foods
Stollen
artisan foods
german cheese cake
THE ROAST OF SHERWOOD

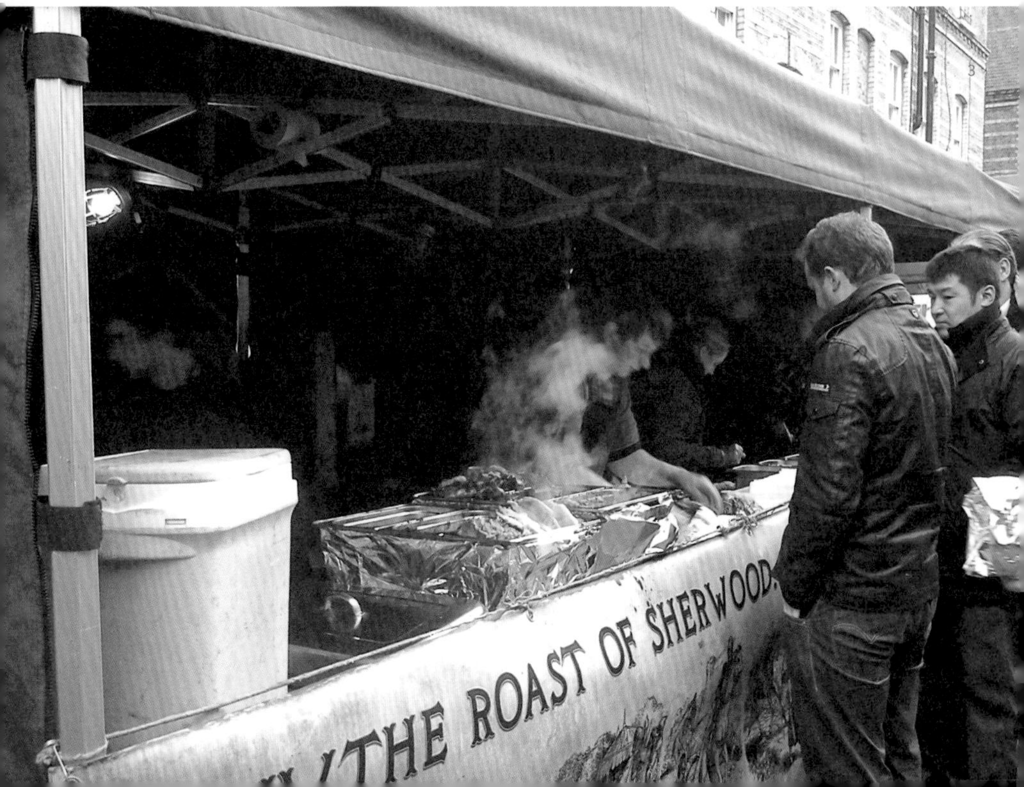

1 FIX

☞ 161 Whitecross Street

進去的時候幾乎是客滿的，但是隨意搭配的沙發、桌椅以及友善的咖啡客，還是可以為你擠出個空位。逛完市集在這裡休息一下，看看書，喝杯自由貿易的咖啡或熱巧克力都很棒。這裡也有三明治與energy bar可以充飢。提供免費Wi-Fi。

2 The Wild Game Co.

☞ Whitecross Street

我點了鹿排三明治（Venison Steak Sandwich）加起司，很訝異一個三明治竟能讓我身心如此滿足。剛獲得2012年Young British Foodie Award的最佳街頭美食獎。

3 Whitecross St. Butchers Shop

☞ Whitecross Street

別看Whitecross St. Butchers Shop只是一個臨時攤位，它專賣各種派與淋上肉醬的洋芋泥。其中Steak & Ale Pie是經典，值得推薦。

手工糕點 1
Handmade Cakes & Pies

各種零食 2
Snacks

4 Carnevale Restaurant

☞ 135 Whitecross Street

以中東料理為靈感的創意素食，就連甜點都十分可口，有些餐點相當特別，只是大部分主菜的份量都不大，價格因此稍嫌昂貴。推薦檸檬起司塔與百香果巧克力慕絲。

5 Luardo's

☞ Whitecross Street

開著一台薄荷綠色復古雪鐵龍箱型車，專賣墨西哥街頭美食burrito。請耐心在長長的隊伍裡等候，不然之後在市集聽到人們吃著burrito的讚嘆聲鐵定讓你後悔。

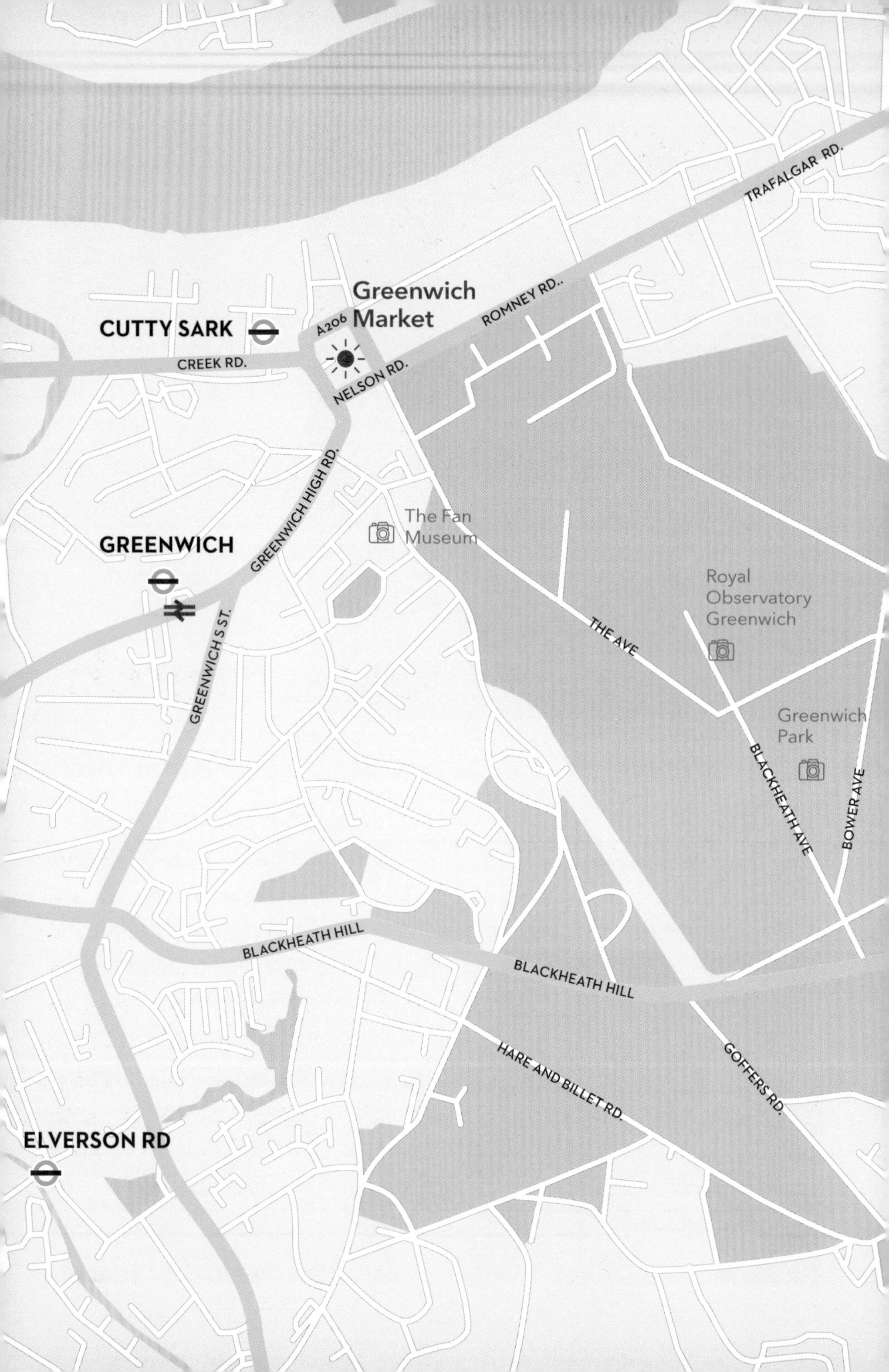
Greenwich Market
CUTTY SARK
A206
CREEK RD.
NELSON RD.
ROMNEY RD..
TRAFALGAR RD.
GREENWICH HIGH RD.
The Fan Museum
GREENWICH
GREENWICH S ST.
Royal Observatory Greenwich
THE AVE
Greenwich Park
BLACKHEATH AVE
BOWER AVE
BLACKHEATH HILL
BLACKHEATH HILL
HARE AND BILLET RD.
GOFFERS RD.
ELVERSON RD

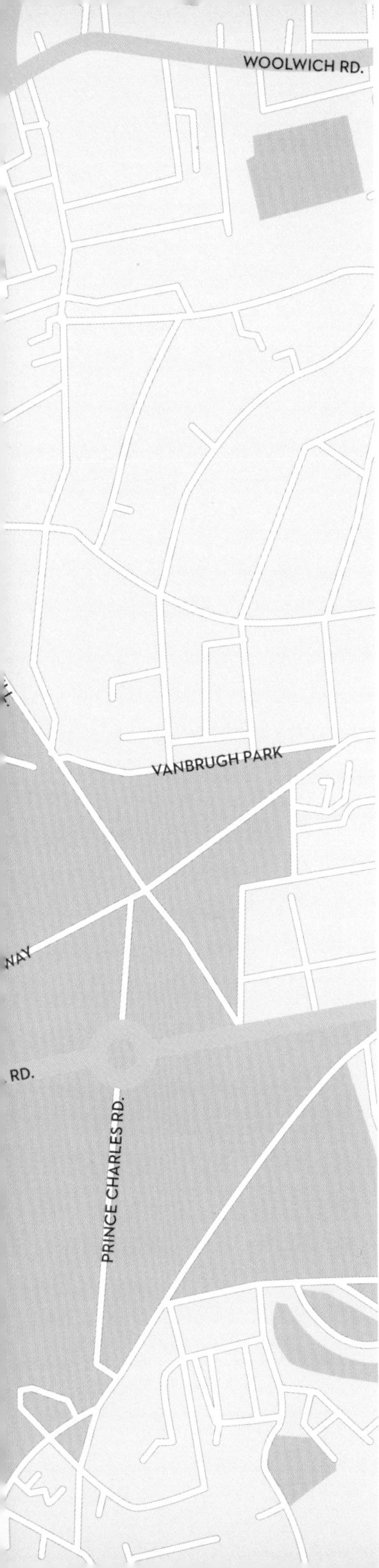

WOOLWICH RD.

VANBRUGH PARK

WAY

RD.

PRINCE CHARLES RD.

地區簡介

Greenwich
格林威治

從泰晤士河搭船30分鐘，就會到達Greenwich；但要把兩岸漂亮的景色都看盡，可能還要多搭幾趟。「那些船好像在鑽石上面走。」《天生嫩骨》裡曾有這樣一句形容，可以借用在此。提到Greenwich，市集、舊皇家天文台的本初子午線和格林威治標準時間都赫赫有名，Greenwich Park也吸引大批遊人。和倫敦市區永遠繁忙的景象相比，Greenwich顯得過於爛漫，不過這是件好事，總要有人為都市人示範如何生活。這個必須搭船或Docklands Light Railway（DLR）輕軌才能到達的地方，寧靜，安詳，除了週末。

市集　地鐵　景點

1

1Greenwich有著討人喜歡的特質。2各種稀奇有趣的二手攤，充滿尋寶的樂趣。3這些書每本竟然只要這個價錢！

7

Greenwich Market

格林威治市集

一種藝術的結論

☞ Greenwich High Road與Stockwell Street
Cutty Sark DLR輕軌電車站
週三至日10:00—17:30
週三：手工藝品／自製食材與熟食／外帶美食
週四：復古衣／古董／外帶美食
週五：古董／藝術品／手工藝品／外帶美食
週六日：藝術品／手工藝品／自製食材與熟食／古玩／外帶美食
www.shopgreenwich.co.uk

「Greenwich是一位才華洋溢的藝術家。」這是以前在倫敦認識的一位法國女孩的結論。她瘦得像模特兒，就連拿菸的手都能讓我看得出神。可惜那時沒有隨她一睹Greenwich。當然現在這裡仍有著相當討人喜歡的特質，但時間總愛偷偷改變點這個那個，更何況是6、7年之後？只希望我認識的這位「藝術家」仍與當初她眼中的相去不遠。

光是從倫敦坐上輕軌電車到泰晤士河對岸，沿途風景就已不一樣了。架高於地面上的電車快速穿越樹木的頂端，是因為視線的高度不一樣嗎？沿線房子的線條變得很迷人。我開始羨慕個子高的人。

從14世紀起，Greenwich就已經有了市集，但現今的Greenwich Market則是從1700年才開始的。與倫敦其他一些市集相較之下，這裡不會大得讓人迷路，但又五花八門，超過120個藝術、手工藝的室內攤位，到處可見獨特的原創作品，全是還沒大量生產前的設計結晶，或是世代相傳的小型家庭工廠守護一輩子的驕傲，此外還有許多有趣的古董、服飾與家具。在此選購伴手禮，就不用擔心挑到一件朋友可能已收過的紀念品。是的，這裡仍有著強烈鮮明的藝術隨性，更美好的是，還到處穿插著各種讓人想一試的feta起司、橄欖、手工麵包、獨特的調味茶葉。創作這些美食的人根本就是藝術家。

說不定當時我那位法國朋友正是一邊撕著麵包、一邊喃喃地做了那個結論。

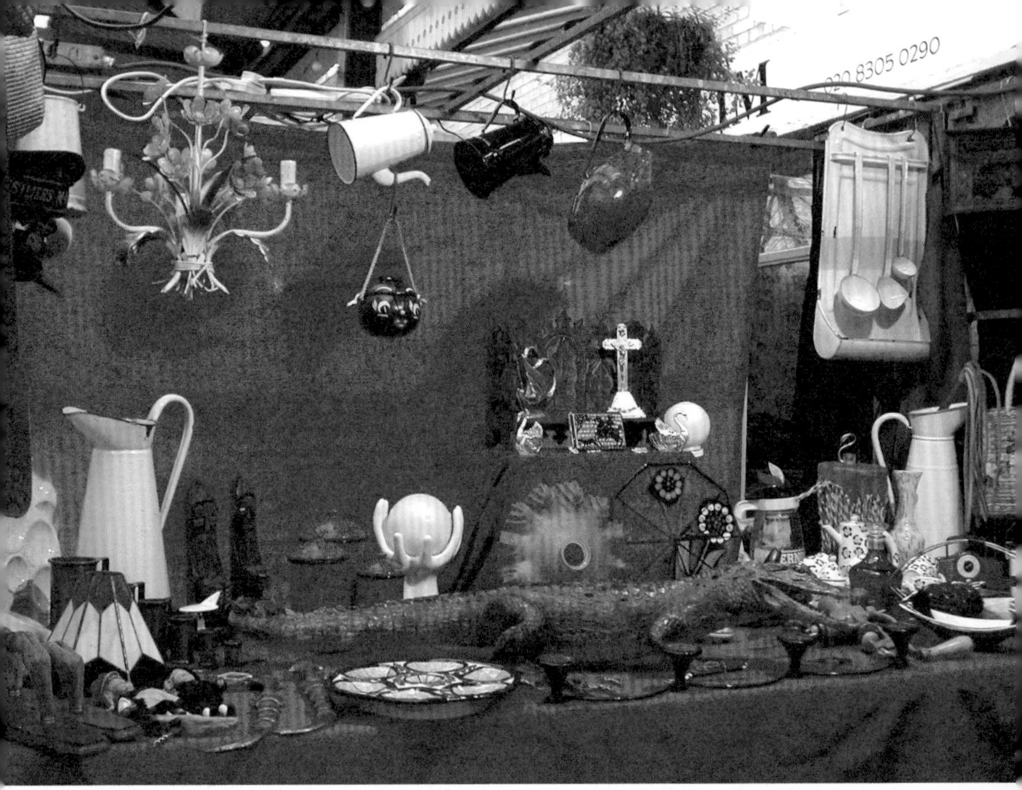
020 8305 0290

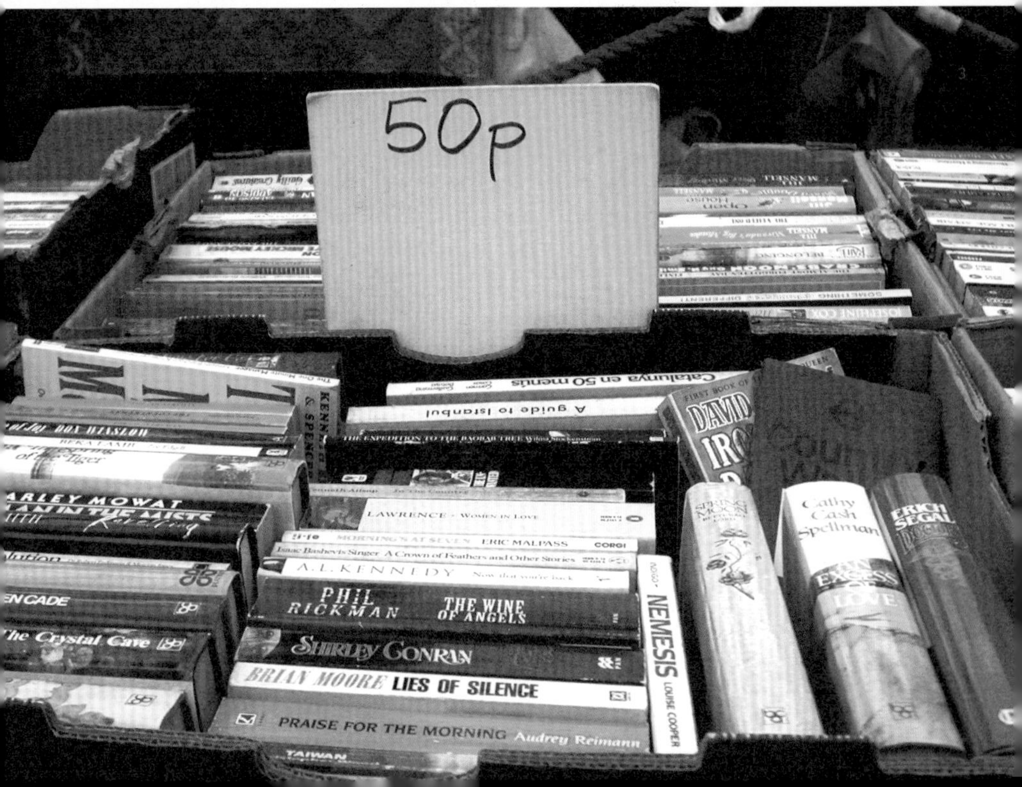
50p
Catalunya en 50 menús
A guide to Istanbul
THE EXPEDITION TO THE BAOBAB TREE
LAWRENCE · WOMEN IN LOVE
MORNING'S AT SEVEN ERIC MALPASS CORGI
Isaac Bashevis Singer A Crown of Feathers and Other Stories
A.L. KENNEDY Now that you're back
PHIL RICKMAN THE WINE OF ANGELS
SHIRLEY CONRAN
BRIAN MOORE LIES OF SILENCE
PRAISE FOR THE MORNING Audrey Reimann
NEMESIS LOUISE COOPER
The Crystal Cave
FARLEY MOWAT
Cathy Cash Spellman
ERICH SEGAL
SPRING MOON
JOSEPHINE COX
BELONGING
SOMETHING DIFFERENT

1 Wallace Antique Linen & Lace

☞ Greenwich Market

專賣法國、英國與愛爾蘭古董棉製品與床單、枕頭套、桌巾、餐巾、布料等，大約是來自維多利亞與愛德華時期，就像是電影〈艾瑪姑娘〉裡的人在用的一樣。選購時需注意這些古董棉製品與蕾絲的保存方式。

2 The Silk Route

☞ Greenwich Market

1989年就開始營業的店，除了絲綢、還有絲線與其他現代的設計。門外掛滿了各種風格的絲巾(不只是印度風)，我拿著每種顏色的絲巾在鏡子前面比半天，無法選擇。店裡還有其他許多如薰香、飾品等商品。

3 Orchard Press Cider Company

☞ Greenwich Market

蒐羅英國各地傳統農莊自產的蘋果酒，許多都榮獲獎項。蘋果酒來自Gloucestershire、Worcestershire & Herefordshire、Somerset & Dorset及Devon & Kent，他們自豪地說，在這裡你等於逛完了英國這個蘋果酒之國。

4 Will Hammond

☞ Greenwich Market

這位設計師用塑膠袋等環保回收材質手工製成飾品配件：錢包、筆盒、零錢包、化妝包等，以層疊的方式創造出類似皮革的質感。他從小就把所有東西都留下來，以便之後可以再利用，從17歲就開始設計出第一批塑膠袋做成的地鐵卡套與錢包。

5 Ye Olde Drinks

☞ Greenwich Market

各種飲料，冬天有熱香料蘋果酒（Mulled Cider）、熱莓調酒等供你取暖。「Ye Olde」是非常早期英式的說法，當時會用「Ye」代表「The」。而Mulled Cider是一種以蘋果汁或西打（Cider）加香料加熱調成的酒，有時會加些柳橙皮增添風味。

6 Brazilian Churros

☞ Greenwich Market

專賣巴西美食吉拿棒，與其他得自行沾巧克力醬吃的吉拿棒不同的是，Brazilian Churros直接將巧克力醬作成濃郁內餡，還有牛奶糖煉乳醬以及綜合口味可選，外面並沾了肉桂糖粉。另有串烤、南美牛排與素食BBQ。

Visit Greenwich

7 BananaMan Chocolate Dipped Fruit

☞ Greenwich Market

老闆去瓜地馬拉旅遊時，從當地的著名甜點「巧克力凍香蕉」所獲得的靈感——以不同的新鮮水果，沾著比利時巧克力的極品「健康」甜點。週六、日營業。

8 REDDOOR

☞ 10 Turnpin Lane

一間小巧、布置迷人的蛋糕咖啡館、精品店兼藝廊，司康是早上現做的，也得推薦杏仁馬卡龍，還有奶昔與奶茶都濃郁香醇。櫃台後方的「sitting room」擁有混亂而大量的沙發，非常舒適。

9 Ruby Tuesdays of London

☞ Greenwich Market

週六、日營業的素食糕餅攤。有杯子蛋糕、千層蛋糕、甜點、餅乾、布朗尼，還有特製不含蛋、乳製品、小麥、動物膠質或糖的糕餅，而且長相甜美得像是從童話故事裡端出來的一樣。

10 SHAKE IT

☞ 26 Greenwich Church Street

超過100種奶昔，Oreo餅乾口味是店內冠軍商品。想減肥的人可以改點以水果打成的冰沙。據說他們還曾經推出marmite口味的奶昔，現在還推出適合天冷時飲用的熱奶昔。

11 Buenos Aires Cafe

☞ 86 Royal Hill

阿根廷與義大利熟食咖啡館，以阿根廷牛肉、自製西班牙辣香腸（chorizo）與阿根廷肉餡餅（empanada）、義大利麵、阿根廷披薩聞名。

12 National Maritime Museum

☞ Romney Road

這裡揭露了曾是500年海上霸主的英國航海史，館內包含了各種模型、繪畫、主題展覽以及來自世界各大洲的獎盃等，還可一探當年航海時期倫敦的面貌。最棒的是可以免費參觀。

13 The Fan Museum

☞ 12 Crooms Hill

收藏從11世紀以來、超過3,500把世界各地的古典扇子之外，還介紹了扇子的製造方式與不同用途：用來涼爽及揚風、搭配宗教儀式、時尚配件、地位表徵、紀念性質、廣告贈品等。博物館商店有許多雅致的紀念品，如古典的香水瓶、絲質扇子等。

14 Royal Observatory Greenwich

☞ Blackheath Avenue

位於格林威治公園小山丘上的舊皇家天文台是格林威治標準時間的所在地，1675年由King Charles II任命建蓋。許多來到這裡的遊客不禁都會在此「對時」，或是站在區隔東西半球的零度經線──本初子午線上體驗同時腳踏東、西半球的感覺。

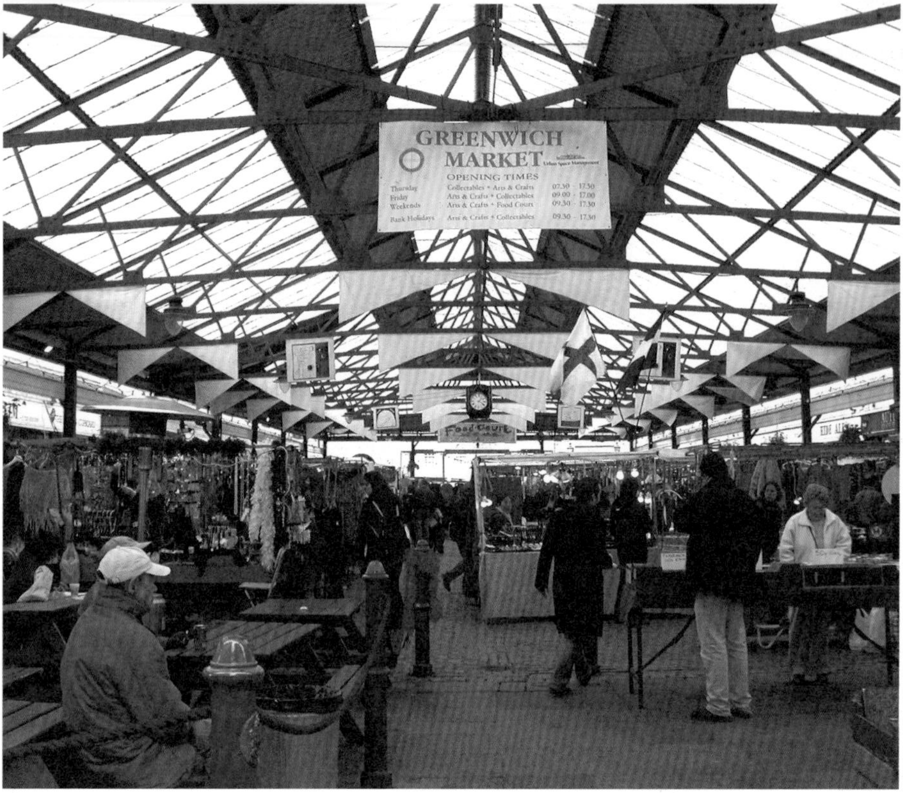

Must Buy!

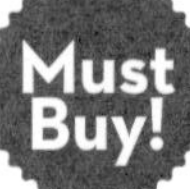

- **二手餐具** ………… 1
  Sencond-hand Tablewear
- **絲巾** ………… 2
  Scarvies
- **手工藝品** ………… 3
  Crafts
- **帽子** ………… 4
  Hats
- **費達起司**
  Feta Cheese

1

2

3

4

Visit Greenwich

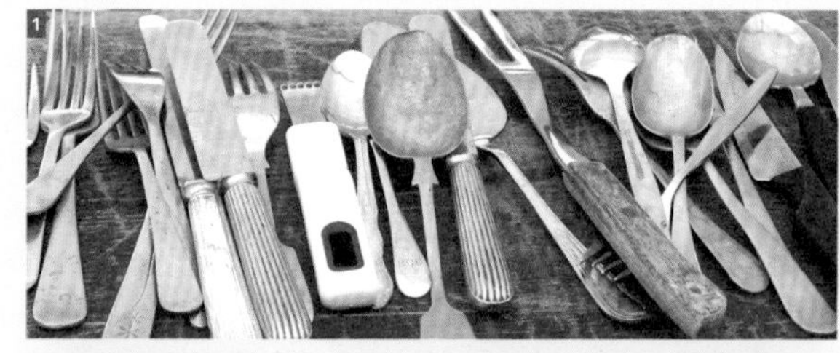

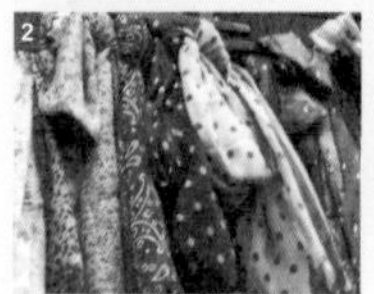

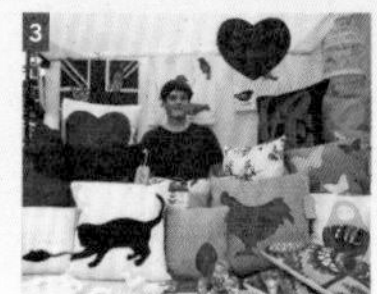

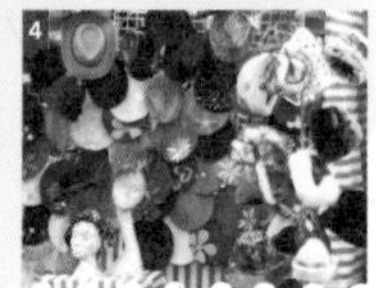

HOHOHO
HOHOHO
HOHOHO
HOHOHO
HOHOHO

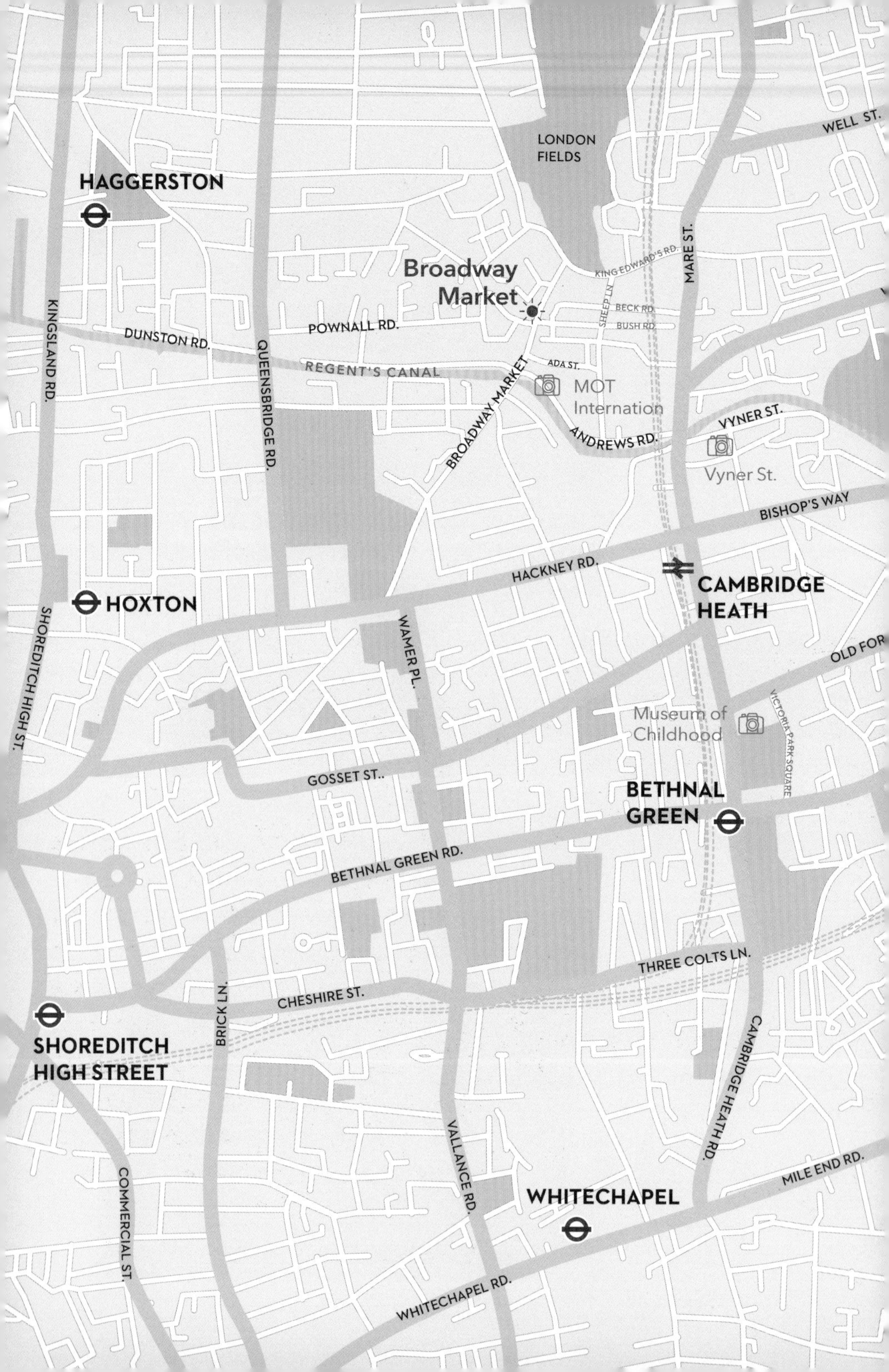

LONDON FIELDS
WELL ST.
HAGGERSTON
MARE ST.
KING EDWARD'S RD.
Broadway Market
BECK RD.
SHEEP LN.
BUSH RD.
KINGSLAND RD.
DUNSTON RD.
POWNALL RD.
QUEENSBRIDGE RD.
REGENT'S CANAL
ADA ST.
BROADWAY MARKET
MOT International
ANDREWS RD.
VYNER ST.
Vyner St.
BISHOP'S WAY
HACKNEY RD.
CAMBRIDGE HEATH
HOXTON
SHOREDITCH HIGH ST.
WAMER PL.
OLD FOR
Museum of Childhood
VICTORIA PARK SQUARE
GOSSET ST..
BETHNAL GREEN
BETHNAL GREEN RD.
THREE COLTS LN.
CHESHIRE ST.
BRICK LN.
SHOREDITCH HIGH STREET
CAMBRIDGE HEATH RD.
VALLANCE RD.
MILE END RD.
COMMERCIAL ST.
WHITECHAPEL
WHITECHAPEL RD.

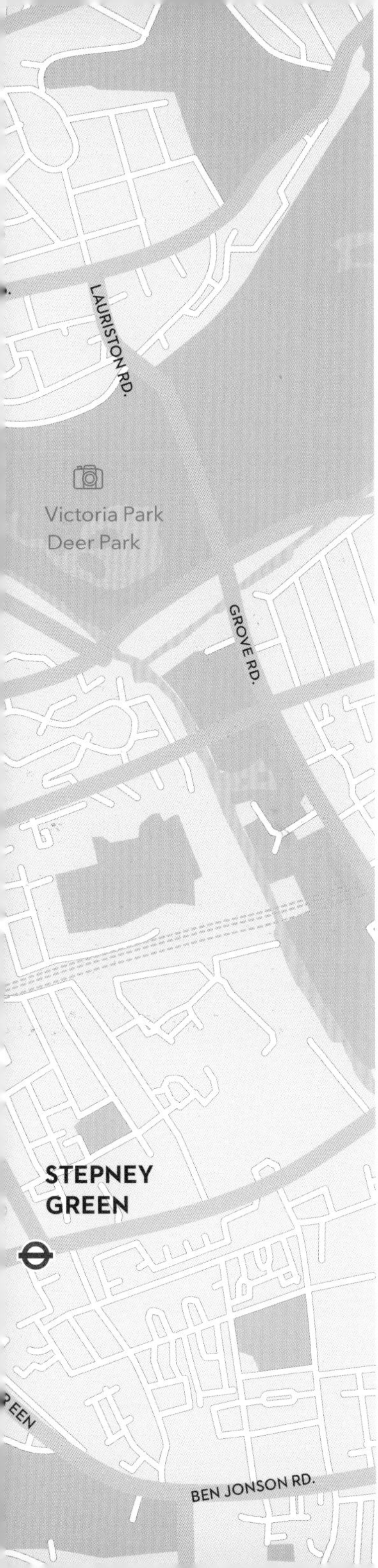

LAURISTON RD.

Victoria Park
Deer Park

GROVE RD.

STEPNEY
GREEN

BEN JONSON RD.

地區簡介

Hackney

哈克尼

雖然這裡什麼食物都有，但好像只有會點Pie & Mash才是真正懂Hackney的人。我照著點了，老實說，盤子裡一大坨的Mash（馬鈴薯泥）還真不是一個亞洲女子愉快消受地了的，而且我可沒有裝秀氣。有點大姊型的店員原先見我走進店裡，似乎在揣測著我會點什麼吃，當我點了Pie & Mash之後，一下子我就變成自己人了。這裡的人感覺上比較直來直往，稍微少了英國人的拘謹拘束。走進店裡，如果老闆探頭過來看你的中文旅遊書，別害羞，就拿給他看吧！

市集 地鐵 景點

1 2

1這就是攝政運河（Regent's Canal）。2以長桌搭起整個露天市集的攤位，有吃有喝。3一到週末便封街禁止車輛進入，成為人行天堂的市集。

8

Broadway Market

百老滙市集
星期六本來就該這麼過

☞ 從London Fields Park到Regent's Canal中間的區域，在Westgate Street與Ada Road之間
⊜ Bethnal Green站（Central Line）
☀ 生活市集 週六09:00—17:00
🌐 www.broadwaymarket.co.uk

位於Regent's Canal與London Fields之間一條小小的街上，有著各式美食攤位，兩邊的咖啡館與餐廳客滿到人們必須坐到戶外來。有機蔬果與燻鮭魚生蠔、讓人眼花繚亂的手工麵包與軟焦糖（fudge），還有衣服、首飾、音樂表演等，豐富得令人不知從那開始才好。這裡的熟食攤讓人必須來回走上好幾趟，才能決定要吃哪一攤；然而每一攤你都會聽到正在享用的顧客發出讚嘆聲，讓我好不容易才做的決定又動搖了。

這裡有約100個攤位，不像其他市集，Broadway Market一個禮拜只開星期六一天，而這一天總是聚集了無數人在這裡完成所有會在週末做的事：手上提著非常「週末休閒感」的日常食品雜貨與巧克力

3

泡芙，逛著幾間氣氛舒服的復古服飾店，然後等著與朋友在一旁的咖啡館碰面聊一整個下午。旁邊London Fields的校園操場，是許多年輕爸媽會帶著孩子來遊玩的場所。

Broadway Market附近區域以低調的獨立復古時尚聞名，除了許多設計新秀在攤位展示作品，附近的小精品店也秀氣得讓人驚豔。如果內行，週六上午9點之後就可以來此享受週末的氣氛，因為大約到下午5點，這裡就陸續收攤了。我開始後悔沒搶在他們收攤前再買兩袋軟焦糖；眼前的這一袋已經快被我吃完了。

1 Buddug

☞ Broadway Market

首飾設計師Jessie Chorley與Buddug Humphreys所開的飾品店，本店位於Columbia Road（Columbia Flower Market附近），但你可以在Broadway Market發現她們的攤位。作品設計有著童話的甜美風，例如上了珐瑯的墜飾與別針、錶面製成的項鍊、鑲著羽毛小鳥的髮箍等。

2 橄欖油攤位

☞ Broadway Market

種類多到令人眼花繚亂，各種油都可讓你沾著麵包試吃。這個攤位還有賣Balsamic Vinegar（義大利陳年葡萄醋），在義大利Modena地區，當家裡有小孩出生時，會為他／她釀製葡萄醋，等到成年結婚時，裝瓶做為贈禮。

3 Paul Goby's Vintage

☞ Broadway Market

通常位於The Dove pub外面，專賣男女復古衣。攤位已有5年歷史，價格令人不敢相信：Burberry雨衣只要15英鎊！如果你剛好遇到Paul擺出他最有名、標示「£2」的服飾區，千萬不要錯過。

4 Film Shop

☞ 33 Broadway Market

經營超過10年的電影出租店，一個月15英鎊就可以無限量租借，簡直是租片天堂。收藏了數量龐大的好萊塢片、紀錄片以及兒童片。一整年只有12月25日休息。

5 Our Patterned Hand

☞ 49 Broadway Market

布料與縫紉手工藝店，擁有如有機棉布、公平交易產品、手紡與復古等布料，風格從經典到另類都有。店內並提供縫紉空間與課程。

6 HUB

☞ 2A Ada Street

獨立設計師的服飾店，販售許多不同品牌的衣飾。

©① RachelH

7 Artwords

☞ 20-22 Broadway Market

專賣歐洲、北美與澳洲等地有關現代視覺藝術方面的書籍、雜誌和DVD。店員擁有非常豐富的藝術專業知識。在Shoreditch還有另一間店。

©① RachelH

8 素食咖哩攤位

☞ Broadway Market

一些素食咖哩攤位只能用「料多實在」來形容，可以嘗試一些在台灣較少吃到的咖哩口味，也可以點混合兩種口味的「綜合咖哩」。

9 Violet Cakes

☞ Broadway Market

這間倫敦東區的小蛋糕店每週六都會在這裡擺攤，杯子蛋糕的招牌口味是奶油糖霜香草海綿蛋糕，而櫻桃覆盆子瑪芬搭配加了海鹽的黑焦糖，美味得就像是天堂。

10 HURWUNDEKI Café

☞ 299 Cambridge Heath Road

這間咖啡館將自己歸類於古董店與遊樂區，酷到不行。雖然它就位於大馬路邊，但你從外面經過時，完全無從得知這是一間咖啡館。籬笆後面有一區像是公園兒童區的庭院，裡面是那種你夢想已久的老地方。這裡的咖啡非常好喝，早餐、三明治、糕點也都不錯。寬敞，但充滿態度。店裡許多家具都可出售。有WiFi，不過速度稍慢。Hurwundeki另外還有兩間精品店與一間髮廊，營造出一種屬於自己的時尚與生活形態。

FOOD
必嚐美食

11 L'eau à la Bouche
☞ 35-37 Broadway Market

位於市集的中段，不管店裡店外都聚集了人，建議坐在裡面用餐。因為是法國咖啡熟食店，想當然爾有美味的沙拉、起司和粉紅色的法國飲料等，另外也有英式餐點。

12 Climpson & Sons
☞ 67 Broadway Market

這是Broadway Market的明星咖啡館，咖啡真的很好喝。雖然這附近的選擇不少，但來逛這個市集的人都有種不來這裡就會遺憾的感覺。

13 GOSSIP
☞ 62 Broadway Market

有機素食咖啡茶館，茶又比咖啡好喝。店門口很小，很容易錯過。麵包充滿堅果與水果的香氣，內軟外酥。「薑與胡蘿蔔辣三明治」雖然聽起來不太美味，但據說很好吃。

ⓒⓘⓢ Ewan-M

SPOT
附近景點

14 Vyner Street
☞ Vyner Street

在位於Regent's Canal旁邊的這條街，你會看到許多黑色計程車的修車行，除此之外，這條街上竟然約有15間藝廊，是倫敦最密集的藝術區。平時幾乎看不出來，但每個月的第一個星期四，所有的藝廊都會開店營業，表演、開幕酒會讓整條街上到處擠滿了人。晚上9點當藝廊紛紛關門之後，轉角的The Victory（27 Vyner Street）是當地人才知道的酒吧。

ⓒⓘⓢ Ewan-M

15 Museum of Childhood

☞ Cambridge Heath Road

這間相當有名的玩具博物館是鼎鼎有名的Victoria & Albert Museum的分館，館藏包括玩具、泰迪熊、洋娃娃、木偶、模型火車、玩具兵、遊戲等，還有四十幾個娃娃屋，有些是英國皇室所捐贈的。最棒的是這裡還有遊樂區，裡頭有木馬、整套的火車與鐵路玩具，以及各種小女生最愛的造型化妝箱。

16 MOT International

☞ 8 Andrews Road, Hackney

比其他許多倫敦藝廊更走前鋒路線，為這個區域的當地藝術家提供了可以完全挑戰自我的藝術空間。

17 Victoria Park Deer Park

☞ Grove Road, Tower Hamlets

這個公園可分為兩個部分，都有一座湖與遊樂場，最最特別的是，這兩個公園裡可以看到鹿。

Must Buy!

- 橄欖 Olive ❶
- 義大利餃 Ravioli ❷
- 軟糖 Fudge ❸
- 復古衣、鞋、太陽眼鏡 Vintage ❹

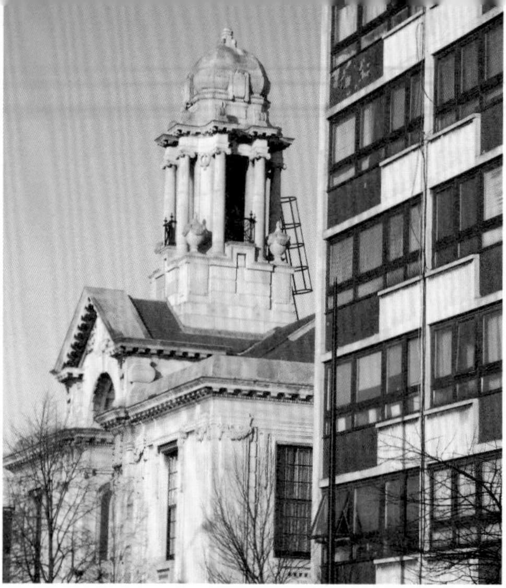

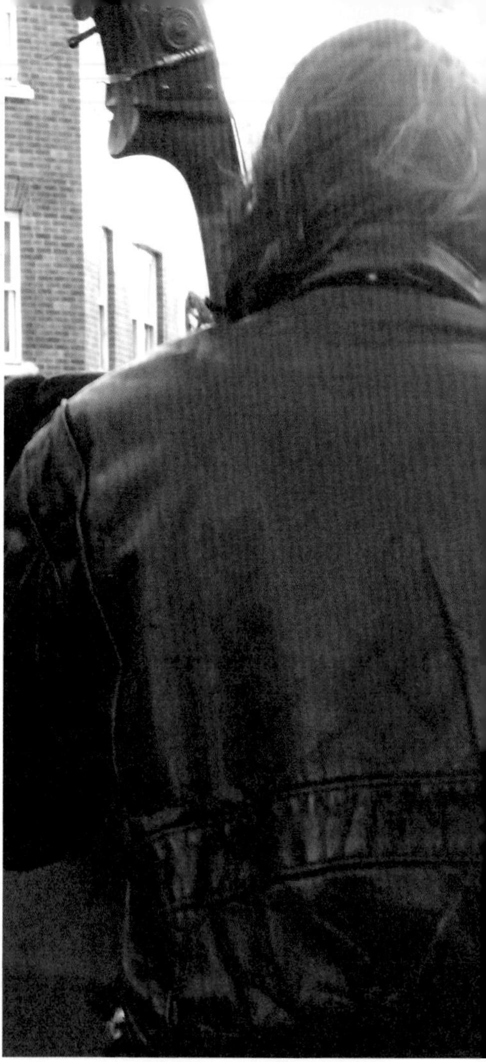

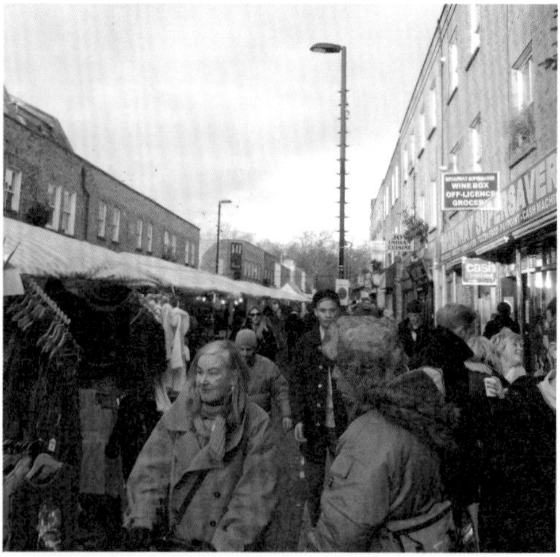
WINE BOX
OFF-LICENCE
cash

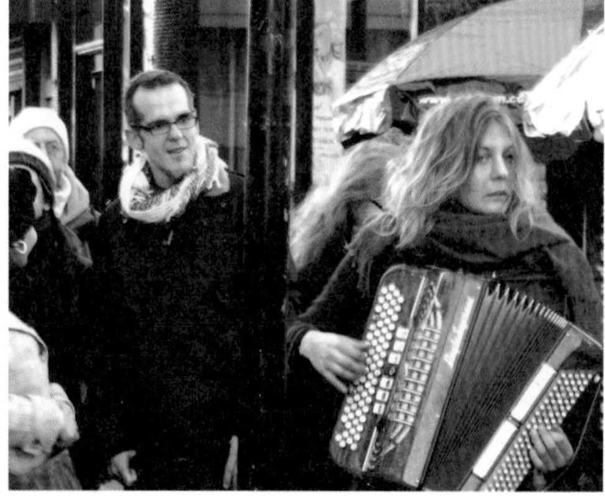

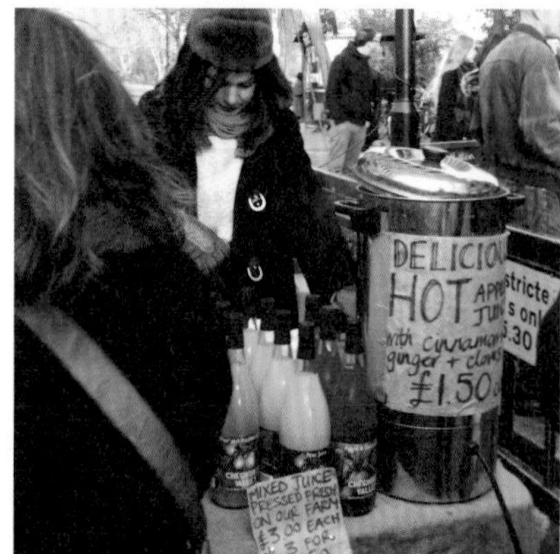

HOT
£1.50
MIXED JUICE

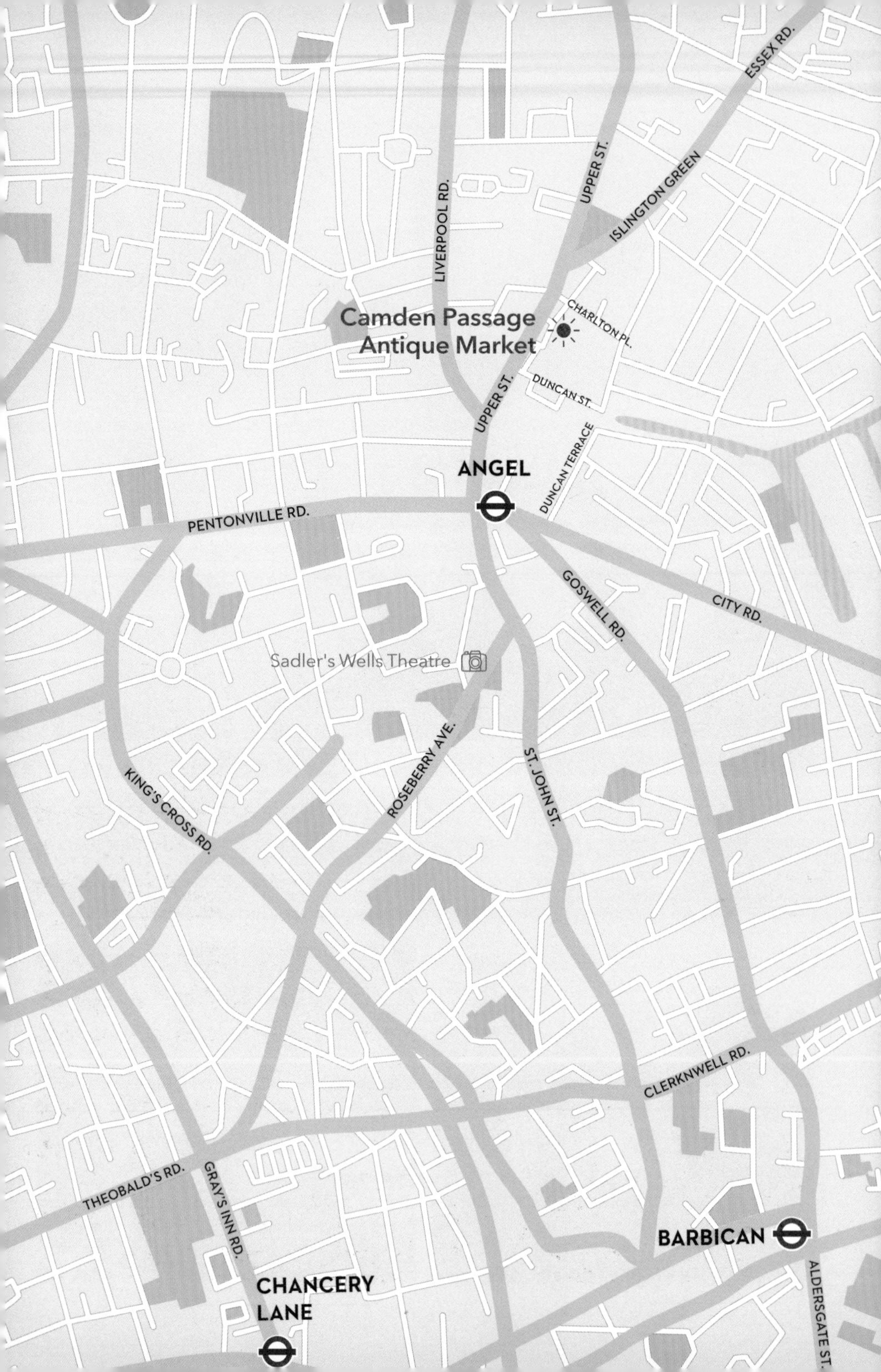
ESSEX RD.
UPPER ST.
ISLINGTON GREEN
LIVERPOOL RD.
Camden Passage
Antique Market
CHARLTON PL.
DUNCAN ST.
UPPER ST.
DUNCAN TERRACE
ANGEL
PENTONVILLE RD.
GOSWELL RD.
CITY RD.
Sadler's Wells Theatre
ROSEBERRY AVE.
ST. JOHN ST.
KING'S CROSS RD.
CLERKNWELL RD.
THEOBALD'S RD.
GRAY'S INN RD.
BARBICAN
ALDERSGATE ST.
CHANCERY
LANE

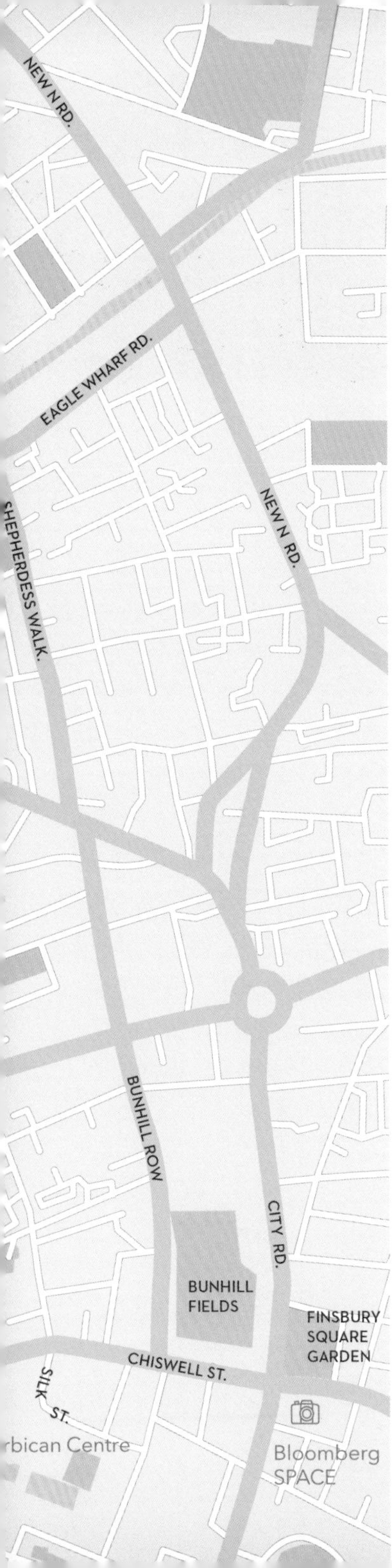

NEW N RD.
EAGLE WHARF RD.
SHEPHERDESS WALK
NEW N RD.
BUNHILL ROW
CITY RD.
BUNHILL FIELDS
FINSBURY SQUARE GARDEN
CHISWELL ST.
SILK ST.
rbican Centre
Bloomberg SPACE

地區簡介

Islington
伊斯靈頓

Islington長久以來一直有著左派的政治色彩，許多相關節慶都在此舉行。Rise就是其中之一，每年夏天，這個反種族歧視的慶祝活動由倫敦市長在這裡揭開序幕，而Bob Dylan、Blur、Oasis、Lily Allen、Kelis、Jimmy Cliff等人都曾在這個節慶中表演。Islington維多利亞風格的建築讓這裡成為時髦的區域，許多古董店與藝廊紛紛進駐這些漂亮古典的房子裡。這附近有許多酒吧，走進其中任何一間，很可能第一眼就愛上它。待了幾小時之後，要不是因為你是遊客，你會變成這間店的老主顧。

市集  地鐵 景點

9

Camden Passage Antique Market

肯登走廊古董市集

在殺價與看準下手之間的學問

1

☞ Essex Road與Upper Street的Junction ⊜ Angel站（Northern Line）
☀ 古董市集 週三07:00—14:00 週六08:00—16:00／書市 週四10:00—16:30／農夫市集 週日10:00—14:00
⊕ www.camdenpassageislington.co.uk

這附近的顏色很鮮豔，不只是街上人們的打扮，就連一間間的店家都像彼此配好一般形成一幅完美的色彩畫面。我邊走，邊在心裡記下這些神來之筆的配色，也許是我床單與枕頭的搭配靈感，或是未來要漆一片牆壁的新嘗試。

這裡的市集幾乎每天是不同的形態：週三與週六賣古董、週四是書市、週日是生鮮蔬果食品為主的農夫市集。儘管如此，這裡最重要最到位的還是它超過40年的古董市集。大約兩、三百個古董攤位，珠寶、錶、維多利亞銀器、蕾絲杯墊餐巾、家具家飾，都是充滿故事性的優雅老東西，而且有一種你真的可以擁有的無距離美感。我望著那一大把捆著的銀餐具，感覺好像使用它們之後，即使是一道出了錯的菜也可以被原諒了。

在Camden Passage Antique Market，購買前可以好好比價，而且也應該殺價。但如果真要買，看好就得趕快下手了；不要像我一樣，故作輕鬆地晃了一大圈，回來後才發現心愛的古董錶已經被買走了。當時我的樣子一定很失望，讓賣錶的老闆看著我，露出了同情但又莫可奈何的表情。

2

3

1 一路上，每個攤位都有不同的驚喜。2 一間間的店家都像彼此配好顏色一般。3 在市集附近，有許多評價不錯的餐廳值得一試。4 Camden Passage街上的小店與餐廳，與旁邊40年的古董市集相互爭豔。

Antiques
FOOD &

SHOP
精選好店

1 復古青銅印章攤位

☞ Camden Passage Antique Market

老闆Paul手工製作了各種圖案的青銅印章，尺寸的選擇也很多。其實許多觀光市集都可看到青銅印章的攤位，但Paul製作的圖案相當獨特，甚至包括古典人像與其他復古物品的圖案，讓人驚嘆其精細的手工。

2 Neal's Yard Remedies

☞ 295 Upper Street

今年剛進駐台北的英國有機天然保養品的經典老牌，專賣精油、天然保養品等，並推出英國第一批認證的有機精油。當我造訪這間傳奇的第一間店時，忍不住注意到店裡試用產品的顧客們，頻頻發出讚歎的聲音。

SPOT
附近景點

3 Twentytwentyone

☞ 274 Upper Street

雖然與市集有點距離，但這間提供網購的知名家具家飾店你真的不會想錯過。寬敞的店內有許多經典與現代的家具、燈具等。就算沒有預算購買家具，很多家飾品也是很棒的紀念品。這裡有時也會舉行展覽。

4 Bloomberg SPACE

☞ 50 Finsbury Square

2002年Bloomberg L.P.在位於倫敦的歐洲總部成立了這間自己的藝廊，專門展出現代藝術，並已與超過340位藝術家合作無數的作品。展覽包括攝影、雕塑、裝置藝術等。

5 Kipferl

☞ 20 Camden Passage

奧地利及維也納料理。素食餐點「Spinatknodel Mit Bergkase und Blattsalat」是菠菜麵疙瘩加上有機高山起司與brown better搭配綠葉沙拉，非常清爽又有飽足感。試試Vanille Kipferl香草餅乾與甜點，當然也該來一瓶奧地利啤酒。簡單低調的室內設計，木頭桌椅，大小剛好的窗景可以看到夕陽，有種來到朋友家的輕鬆舒適。

6 The Breakfast Club

☞ 31 Camden Passage

寒風中仍有一長串的人龍排隊等著要進去用餐。提供傳統歐陸早餐和鬆餅等，很多法國人都喜歡來這裡。2005年開了第一間店，兩位老闆把店門口漆成蛋黃的顏色，店裡堆滿從童年時期留下的收藏，然後分店就這樣一間又一間地開了，顯然十分受到歡迎。早餐的份量很大，從傳統英式早餐、班尼迪克蛋到水果沙拉都有。

銀製餐具 ········ 1
Silver Tablewear

古董首飾 ········ 2
Vintage Jewelries

銅版印章 ········ 3
Bronze Stamps

復古二手衣 ······ 4
Second-hand Clothes

老照片 ·········· 5
Old Pics

1

2 3

4

5

7 BYRON

☞ 341 Upper Street

雖然是連鎖漢堡咖啡館，但一點都感覺不出連鎖店的制式氣氛，反而有種適合與好友在這裡熱烈討論人生議題的氣息。這裡的漢堡可加各種配料與佐醬，薯條也可搭配各種沾醬，沙拉是這裡的主食。除了咖啡與茶，還有紅白酒與粉紅氣泡酒，真是奢侈的漢堡用餐時間。如果無法坐下享受，就外帶他們的漢堡與奶昔吧！

PORTOBELLO RD.
WESTBOURN PARK
WESTWAY
RADDINGTON RD.
GREAT WESTERN RD.
OXFORD GARDENS
CAMBRIDGE GARDENS
PORTOBELLO RD.
LANCASTER RD.
LADBROKE GROVE
WESTBOURNE PARK RD.
Museum of Brands,Packaging & Advertising
LADBROKE GROVE
COLVILLE TERRACE
BLENHEIM CRESCENT
PORTOBELLO RD.
COLVILLE RD.
LEDBURY RD.
LONSDALE RD.
Wild at Heart Turquoise Island
PEMBRIDGE
WESTBOURNE GROVE
DENBIGH RD.
KENSINGTON PARK RD.
Portobello Market
PORTOBELLO RD.
LADBROKE GROVE
PEMBRIDGE RD.
NOTTING HILL GATE

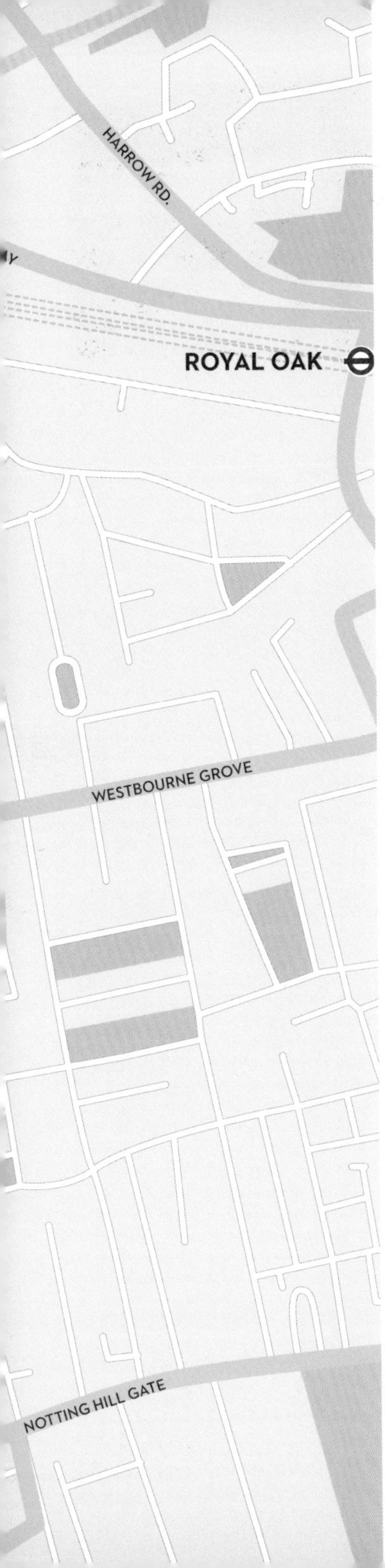

HARROW RD.

ROYAL OAK

WESTBOURNE GROVE

NOTTING HILL GATE

地區簡介

Notting Hill
諾丁丘

總之這裡一切講求原創，一切生意盎然，事情不停地發生；你總覺得自己身在電影之中。時髦的服裝店、教堂、隨性的街頭藝術、色彩繽紛的門扉……聽我的話，每一間小店都要進去逛逛，還有許多有格調的pub與餐廳，能讓你點到一杯以最完美祕方調出的雞尾酒。每年8月底的諾丁丘嘉年華（Notting Hill Carnival）是倫敦年度盛事之一，狂熱而色彩繽紛的遊行隊伍，可以看到倫敦充滿牙買加風情的一面，也吸引了來自全球各地上百萬的人到此共襄盛舉。而擁有上千家店家與攤位的Portobello Market，更是許多到訪倫敦的遊客必逛、當地人也時常來挖寶的知名市集。

市集　地鐵　景點

10

Portobello Market

1

波托貝羅市集

〈新娘百分百〉裡休葛蘭失魂落魄、穿越四季的場景

☞ 從boldborne Road至Chepstow Villas之間的Portobello Road
Ⓜ Ladbroke Grove站（Metropolitan Line）
Notting Hill Gate站(Central Line、District Line與Circle Line)
Ladbroke Grove站（Hammersmith & City Line）
☀ 週六08:00—17:30（古董）
週一至週六09:00—17:00（一般市集）
週日09:00—13:00（Car Boot Sale）
🌐 www.portobelloroad.co.uk

《動物農莊》作家George Orwell於1927年冬天起就住在Portobello Road；搖滾樂團「險峻海岸」（Dire Straits）也曾寫了一首「Portobello Belle」的歌。

這裡是世界上最大的古董市集，位於倫敦西區。1860年代晚期這裡是個菜市場，因為附近住宅逐漸增加，吸引愈來愈多攤販在星期六賣起各式各樣的小玩意兒。二次大戰結束後，這裡開始有了固定的古董攤位；1960年代晚期，二手衣與復古飾品也出現了。

現在的Portobello Market分為三個部分：古董市集、蔬果市集與二手跳蚤市集。週五、六、日的攤位各有不同，賣的東西也略有差異，即便到了晚上也可以逛很久，還有非常便宜的蔬果可以買。兩旁的店家也有看頭，是非常扎實的市集。

古董市集

位於Portobello Road起點、靠近Notting Hill Gate地鐵站的範圍。經過一些由馬廄改建的房子，走到Chepstow Villas與Portobello Road路口，就到達古董市集了。週六這裡有幾百個攤位，來自世界各地的古董與收藏物，有些甚至遠自1960年代的羅馬時期，或已絕版的書籍首版。

蔬果市集

繼續往Portobello Road走，就是平時附近居民最常光顧的蔬果市集。可以在此找到許多當地的食材，或是來自世界的經典美食，如西班牙大鍋飯（Paella）、吉拿棒（Churros）、可麗餅、中東袋餅等。蔬果市集結束在Talbot Road與Portobello

1 電影裡休葛蘭經營的旅遊書店，現實中早已在幾年前關門休業。2 市集裡的小食店。3 路邊賣蔬果的攤子都充滿朝氣。4 許多年輕設計師也在這裡展示與銷售自己設計製作的衣服。5 這一家幾乎是這個市集辨識度最高的招牌商店了。

Road交叉口附近。而Talbot Road與Westbourne Park Road就是電影〈新娘百分百〉的拍攝場景，不過休葛蘭住的那扇藍色的大門已經改裝了，電影裡那間Travel Bookshop也在幾年前關門休業了。

二手跳蚤市場

在Westway之下，有很多復古衣系列如皮衣、毛皮大衣、毛帽、嬉皮復古二手衣等，另外還有鞋子、絲巾、書（新舊都有）、唱片、手工皮靴等。基本上，週五大部分的攤位都會出來擺攤，主要為復古衣與生活用品；週六的攤位比週五多，種類也較廣，除了大量的二手衣攤位，也有設計新秀的獨創設計、藝術品與手工藝品。週日則是跳蚤市場。我這個注重外表的女人當然特別喜歡這一區，每件大衣、每件花襯衫都被我在身上比了又比，愛不釋手。

1 Appleby Antiques

☞ Chelsea Gallaries, 69 Portobello Road

每週六早上七點到下午四點營業。Mike和Sue專賣現今已很難找到的18、19世紀英國瓷器，以及維多利亞時期的銅製廚房用品。

2 Books For Cooks

☞ 4 Blenheim Crescent

倫敦最棒的飲食專書店，新書或二手書這裡都找得到，食譜多到需要店員幫忙。有時週六會有美食烹飪示範，成果則可在旁邊的小咖啡館餐廳品嚐到。

3 Atlam

☞ 111 Portobello Road

經營超過20年的懷錶專賣店，收藏了1680年至1930年，英國、歐洲與美國各地的懷錶。

4 Garden Grill

☞ Lancaster Road與Portobello Road交叉口，從入口上樓。

我點了6.5英鎊的午餐套餐，有泰式雞肉炒麵、素食春捲與飲料，非常美味。室內小而雅致，午後坐在有遮棚的戶外用餐，遠眺著附近的老房子，分外有異國情調。偶爾會有一群鴿子從身邊飛過，美極了。

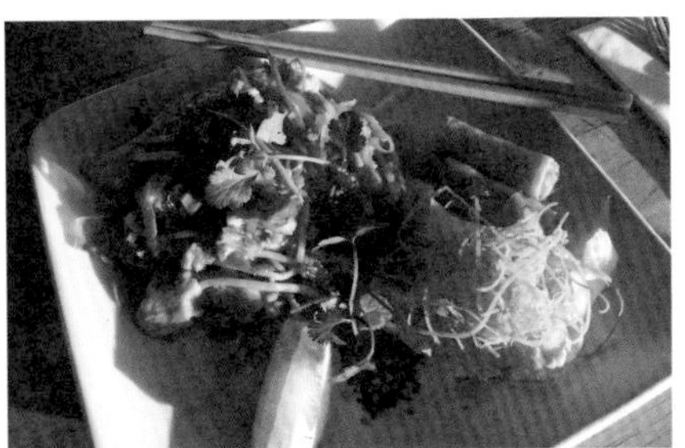

5 Mr Christian's

☞ 11 Elgin Crescent

販賣各式各樣的起司、三明治與其他自製熟食，還有許多剛出爐的麵包、自創品牌的水果酸辣醬（chutney）、芥末與果醬。

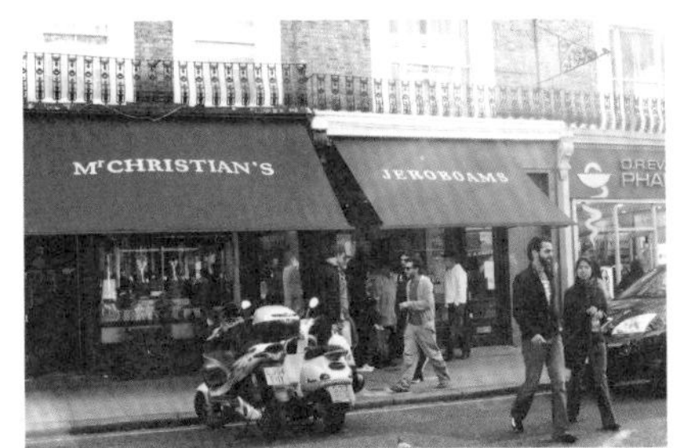

6 Cool Chile Company

☞ 1 Enterprise Way

1993年成立，除了販賣從墨西哥進口各式各樣最棒的乾辣椒，還有以墨西哥食譜製作的正統salsa醬與調味料等。不過店裡的玉米餅（tortilla）可不是進口的，而是他們自己做的。

7 Museum of Brands, Packaging & Advertising

☞ 1 Colville Mews

品牌、包裝與廣告博物館的創辦人Robert Opie將有關購買消費的120年歷史做了完整的收藏。他16歲時開始收藏零食品牌Munchies的包裝盒，至今收藏的範圍已從雜誌、時尚、設計、旅遊、紀念品、玩具、科技等各種日常生活層面。

8 Wild at Heart Turquoise Island

☞ 222 Westbourne Grove

這是一家花店，也是一間公廁，想不到吧！這大概是世界最香的一間廁所了。這個有名的公共藝術建案是在1993年，由當地居民委託建築師Piers Gough設計規劃，將一座安全島成功改造成一處優雅的花店。花店所在的Westbourne Grove是個幽靜高雅的街區，也有許多值得一逛的商店和餐廳。

Must Buy!

- 復古二手衣 Vintage Clothes …… 1
- 唱片 Records …… 2
- 書 Books …… 3

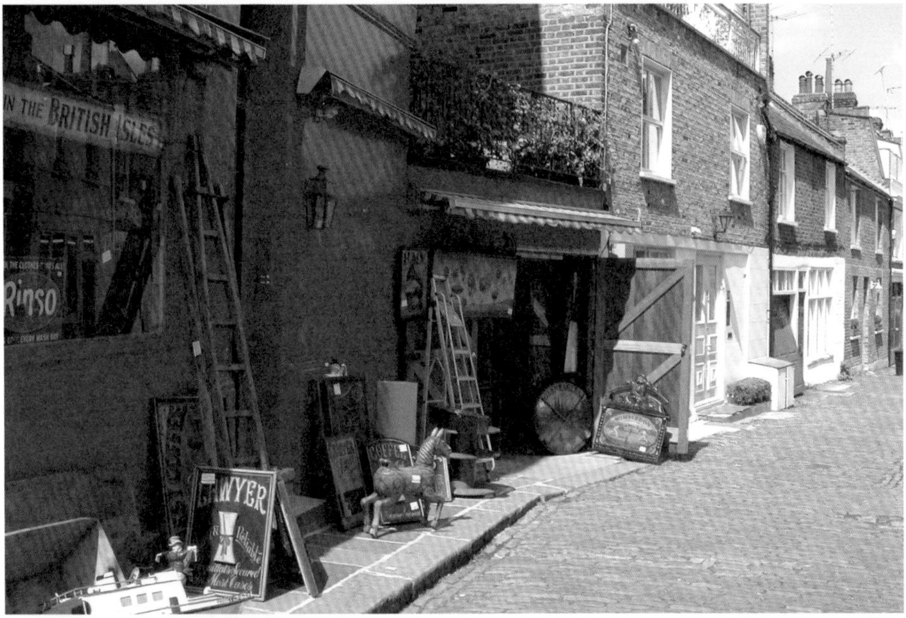
IN THE BRITISH ISLES
Rinso

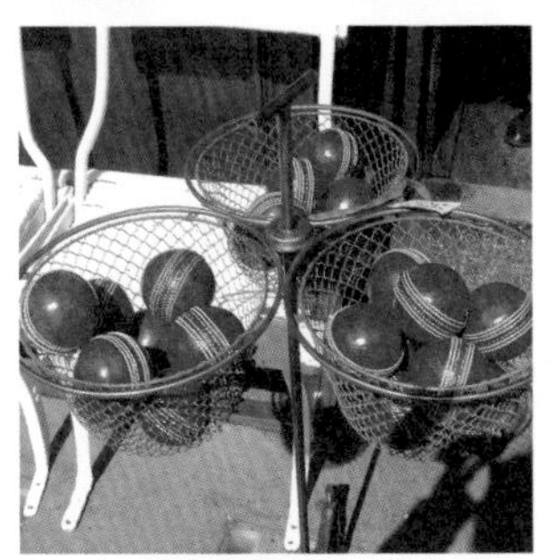

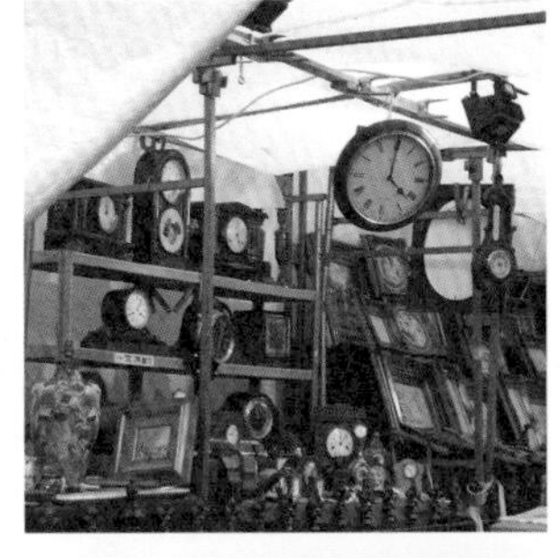

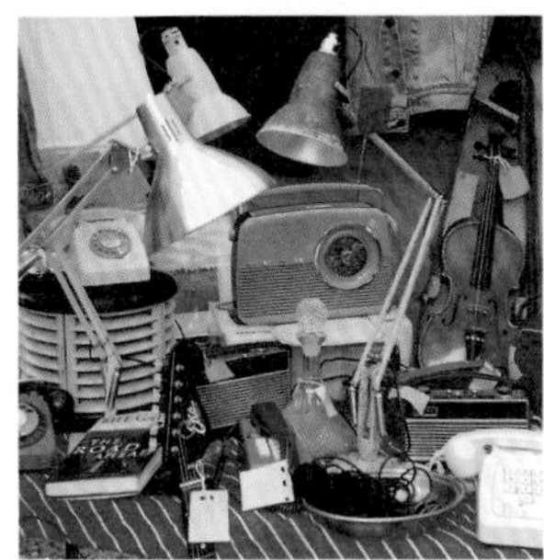

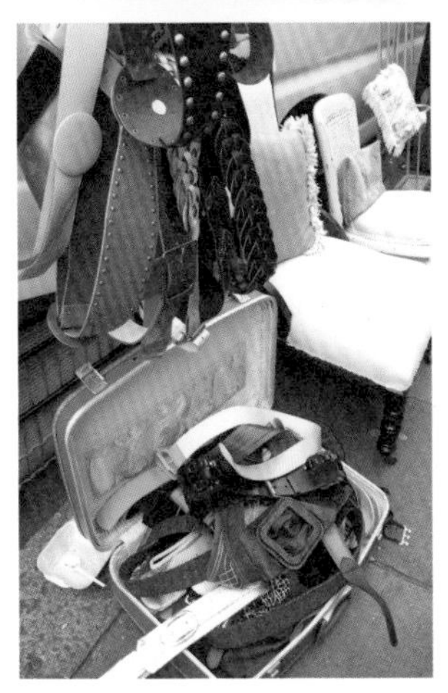

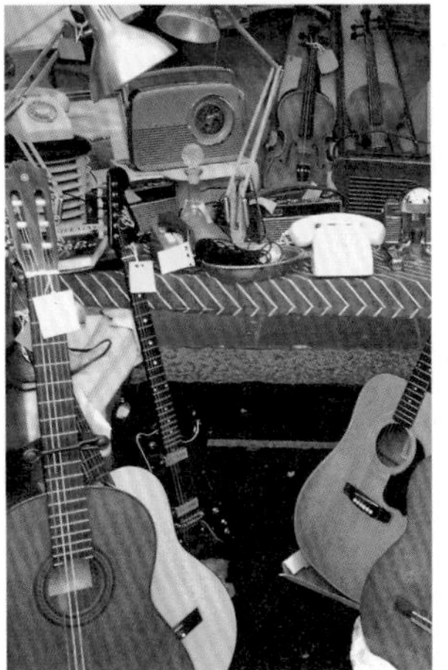

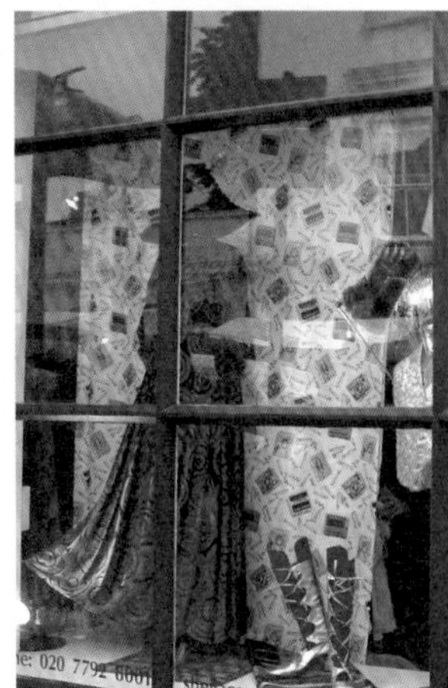

020 7792 6001

FREEHOLD FOR SALE
ALL ENQUIRIES
ormeretail
property solutions
020 7499 0440
www.ormeretail.co.uk
Abel
JACK CASIMIR LTD
23
Mimi Fifi

MODHUBON

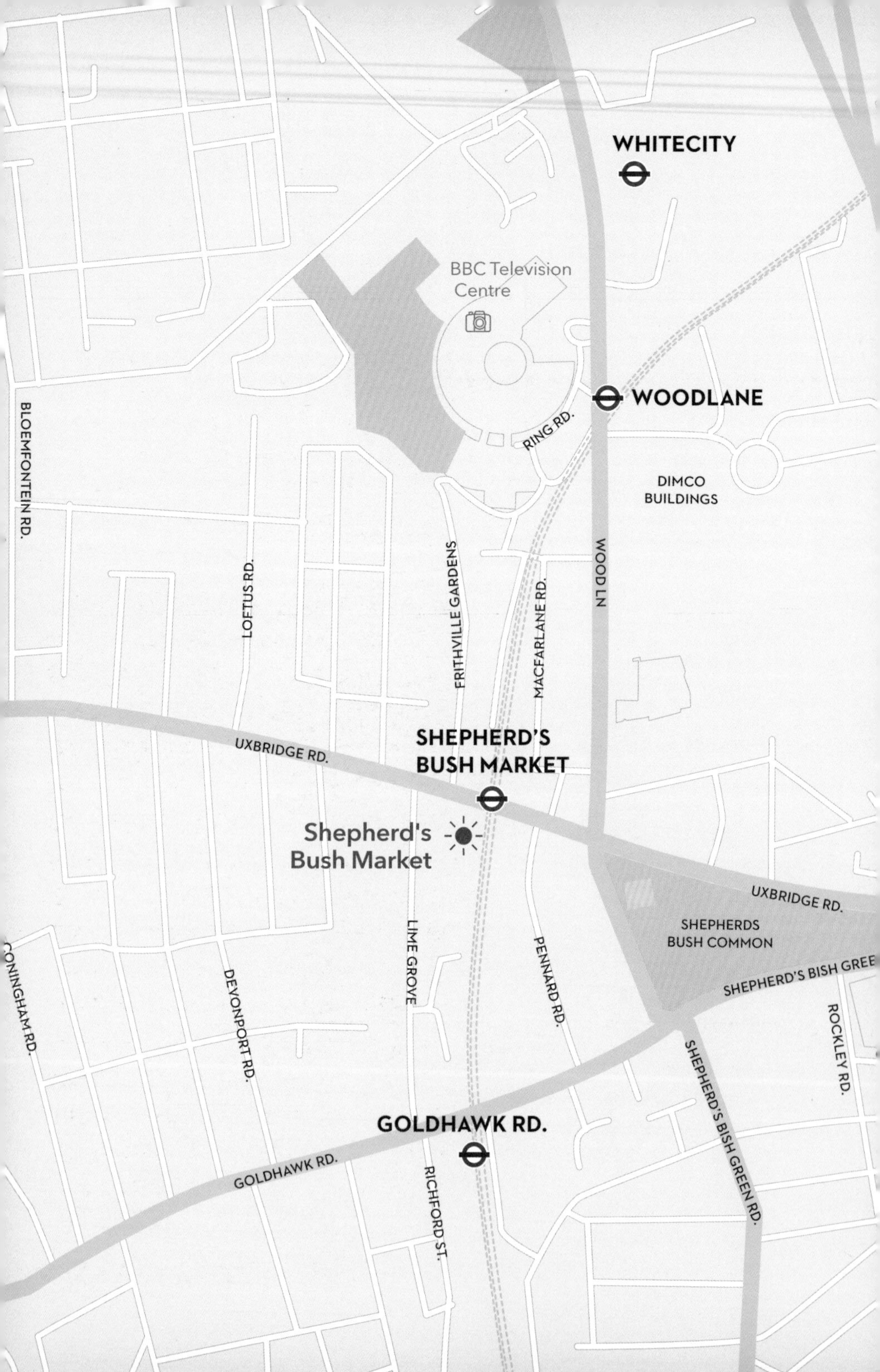
WHITECITY
BBC Television Centre
WOODLANE
RING RD.
DIMCO BUILDINGS
BLOEMFONTEIN RD.
WOOD LN
LOFTUS RD.
FRITHVILLE GARDENS
MACFARLANE RD.
UXBRIDGE RD.
SHEPHERD'S BUSH MARKET
Shepherd's Bush Market
UXBRIDGE RD.
SHEPHERDS BUSH COMMON
SHEPHERD'S BISH GREE
CONINGHAM RD.
DEVONPORT RD.
LIME GROVE
PENNARD RD.
ROCKLEY RD.
SHEPHERD'S BISH GREEN RD.
GOLDHAWK RD.
GOLDHAWK RD.
RICHFORD ST.

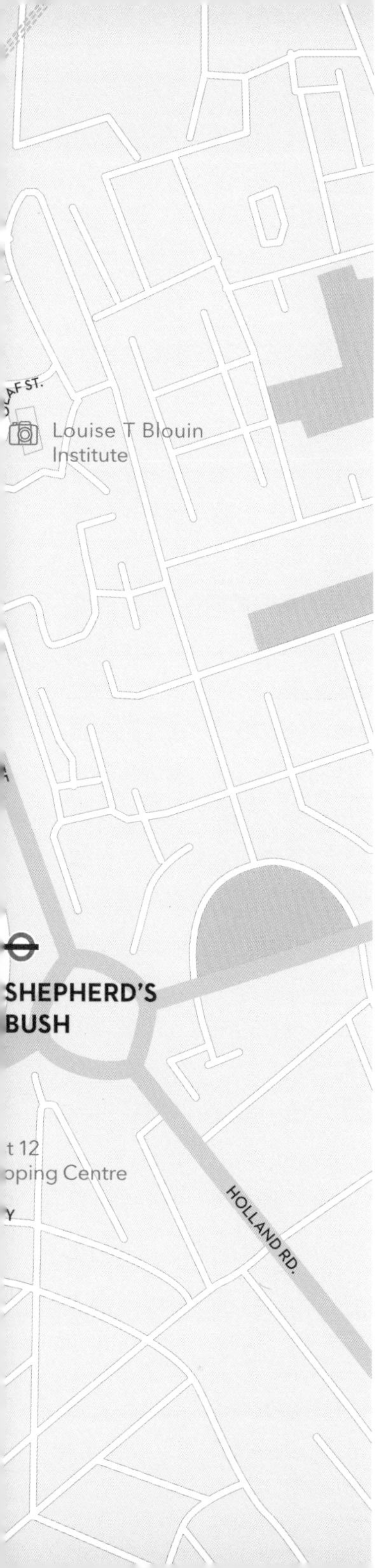

Louise T Blouin Institute

SHEPHERD'S BUSH

HOLLAND RD.

地區簡介

Shepherd's Bush

沙普爾斯布許

以下這些跟Shepherd's Bush有關的人與事，能讓你體會這個地方的複雜個性。60、70年代，The Who從這裡獲得許多年輕文化的靈感；Libertines與Babyshambles的主唱Pete Doherty從16歲就搬來這裡。BBC的知名喜劇影集〈Monty Python's Flying Circus〉幾乎以這裡為主要拍攝場景。2004年春天，演員伊旺．麥奎格（Ewan McGregor）與查理．布爾曼（Charley Boorman）在這裡的Bulwer Street租了一小塊地，籌備他們史詩般的摩托車旅程──《越界20000哩》（Long Way Round）。小說家尼爾．蓋曼的作品《無有鄉》（Neverwhere）裡的主角Richard曾與人有這樣一段對話：「Shepherd's Bush根本沒有牧羊人（shepherd），我去過那裡，只有一些房子、商店、馬路還有BBC，僅止於此。」Hunter回答：「當然有……你最好祈禱別遇到他們。」

1

1看到大大的招牌便知道市場到了。2、3這附近的店都有一種陳舊的時間感。4從地鐵站前往市集，一路上也有許多有趣的商店。可以停下來看看書、逛逛二手雜貨。甚至坐下喝杯咖啡。

11

Shepherd's Bush Market

沙普爾斯布許市集
就像轉角雜貨店或7-11的生活感

☞ 在Uxbridge Road與Goldhawk Road之間
㊂ Shepherd's Bush站或Goldhawk Road站（Metropolitan Line）
☀ 日常生活市集 週二至六09:00—17:00，週四09:00—13:00
⊕ www.shepherdsbushmarket.co.uk

我跟一位倫敦朋友談到我在四處探訪市集時，他立刻推薦這裡，之後的談話中他再三提及這個市集，要我一定得去看看這種「everyday market」。

當我在馬路對面看到Shepherd's Bush Market時，入口那座拱形標誌背著光，上面印著「Shepherd's Bush Market」，即使不是清晨，那光的感覺卻像是某種即將起航的旅程。

這個堪稱最忠於傳統的老派市集，位於愛爾蘭裔與非洲加勒比海移民主要居住的區域。整個市集就是一條長長的街，攤位一個接一個地位於兩旁，主要賣些衣服和家用品，還有許多攤位賣絲巾及其他值得你花時間挖的寶，例如捲成一疋一疋的紗麗布料，堆成一座小山裝著各式鞋款的鞋盒，幾件被挑出的衣服懸吊著，像在炫耀花色地隨風搖擺。烤肉串與中東袋餅攤傳來難以抗拒的香味，生鮮蔬果攤還賣地瓜、樹薯、麵包果等許多特別的根莖類蔬果。這裡無論什麼商品都顯得過於便宜。你很容易就開始想像當你在Jamie Oliver的食譜上發現一道能力可及的佳餚，你會來這裡買些早上才摘下的蔬果，好像你在倫敦生活的可能性因此有了一點真實感。

我開始瞭解我朋友一直提到這個市集的原因，他擔心我會以特色不夠強烈而三振了Shepherd's Bush Market。的確，如果以觀光客的心情，你是感覺不出它的異國情趣，畢竟大部分的時候，旅行就是在蒐集一種與我們原來生活不同的逸趣。然而Shepherd's Bush Market正是如此，不論是誰都可以毫不困難地將它納入自己生活的一部分；這正是一種平實又重要的存在。

2

3

4

1 A Cooke

☞ 48 Goldhawk Road

又是一間永遠都有許多人的小餐廳，專賣傳統鰻魚派與洋芋泥小吃，就像那些位於城市巷弄裡的經典食堂，舊舊的不起眼，卻又一傳十十傳百地吸引客人前來。

2 Nepalese Tandoori Restaurant

☞ 121 Uxbridge Road

雖然取名為尼泊爾餐廳，但也有許多印度傳統美食。試試他們的尼泊爾餃子「Mo Mo」，這是尼泊爾最大眾的速食；蕪菁咖哩羊肉（turnip curry with lamb）也令人讚不絕口。

3 Leighton House Museum

☞ 12 Holland Park Road

朋友大力推薦的地方（又是另一個「妳一定得去看看！」），維多利亞時期非常有名的畫家Frederic, Lord Leighton（1830—1896）的住處與畫室。我承認，這位藝術家布置家裡的方式真的相當獨特，可說是19世紀維多利亞裝飾藝術的代表，非常值得參觀。由George Aitchison設計，前後花了超過30年的時間，才完整打造出這座藝術殿堂。裡面可以看到Leighton非常可觀且珍貴的收藏品，彷彿可從完整保存的陳列中，重現這位藝術家的生活面貌。雖然光是參觀就已令人讚歎，但強烈建議參加免費的導覽說明，絕對收獲更多。

4 Louise T Blouin Institute（LTB）

☞ 3 Olaf Street

這個藝廊光是建築本身即為一件藝術品，除了愛德華時期的外觀線條，室內也以光線形成獨特效果，從裡至外，皆是一次完整的藝術體驗。

5 BBC Television Centre

☞ Wood Lane W12

加BBC News Centre與Weather Centre的導覽行程是參觀這棟大樓的最佳方式，你可看到正在拍攝〈Friday Night with Jonathon Ross〉或〈Little Britain〉(〈大英國小人物〉電視影集)的攝影棚。參觀行程必須事先預定(www.bbc.co.uk/tours 需付費)。

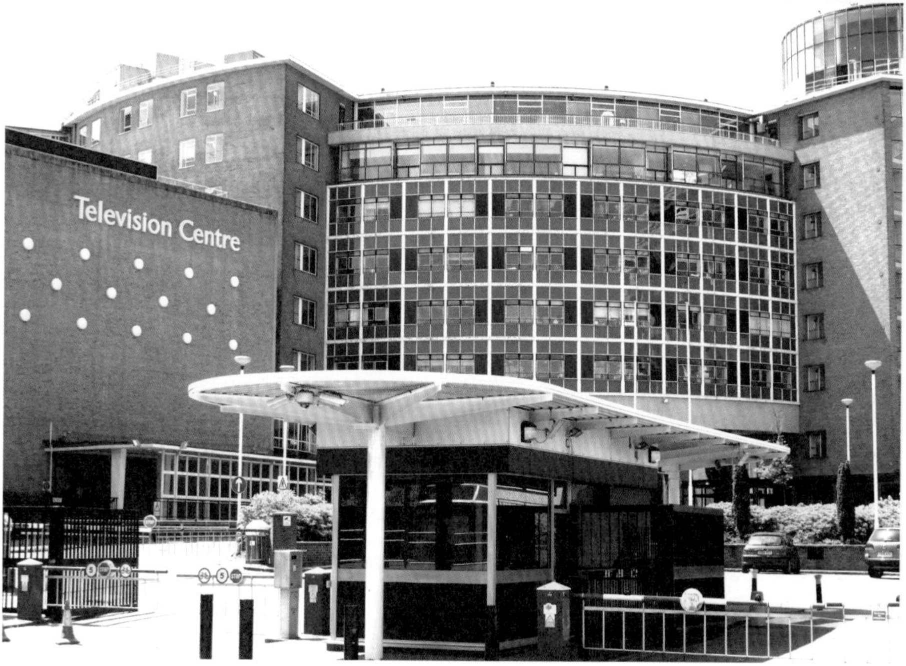

ⓒⓘ MonkeyMyshkin

6 Kings Court Galleries

☞ 949-953 Fulham Road

超過20年的家族企業，專營世界各地的古董地圖與印刷品，也收藏了各種字體。在家裡掛上一幅下個旅遊目的地的地圖是很酷的事。

紗麗布料 ········ 1
Sari

水果 ········ 2
Fruits

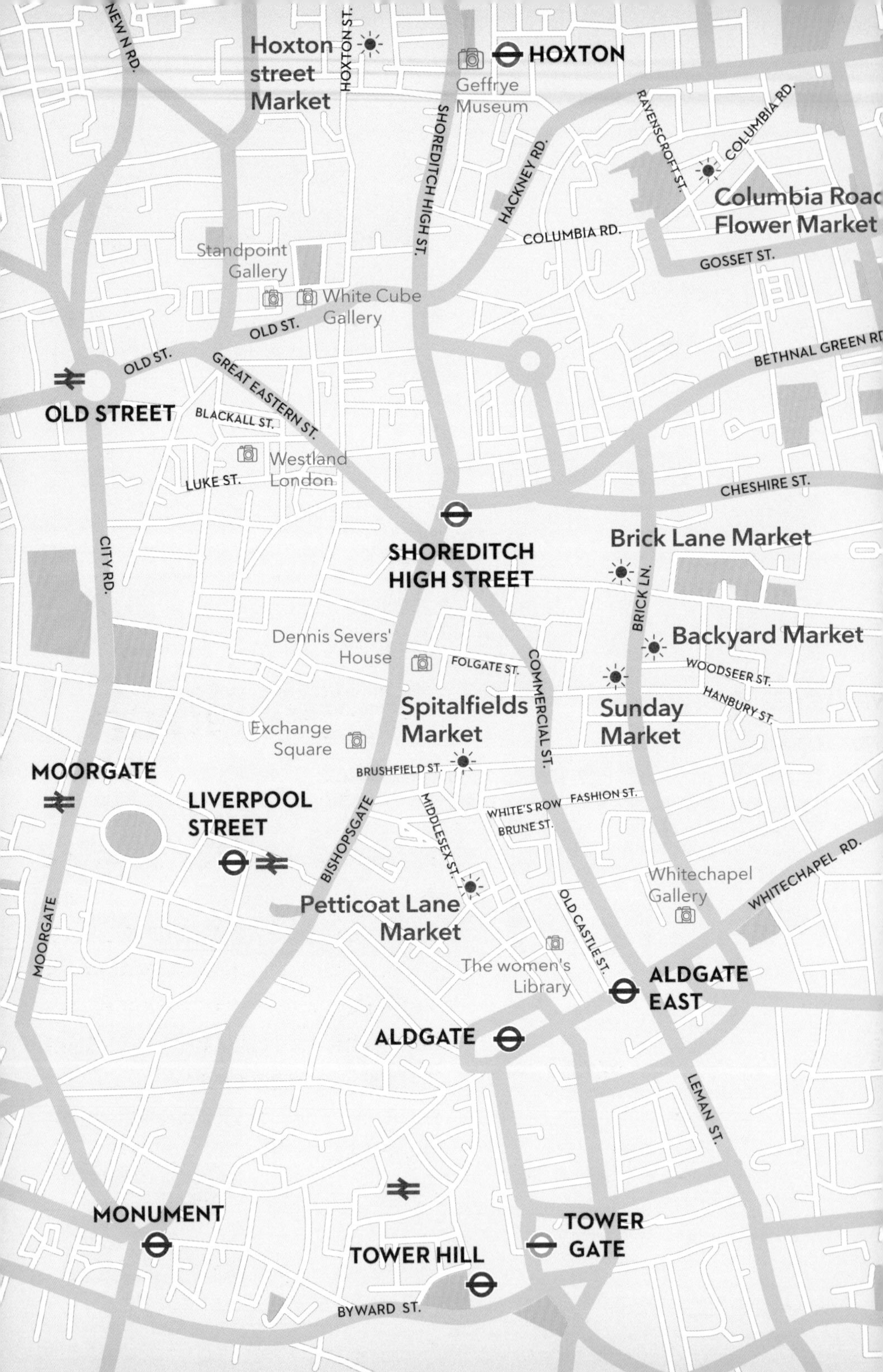
NEW N RD.
HOXTON ST.
Hoxton street Market
HOXTON
Geffrye Museum
SHOREDITCH HIGH ST.
HACKNEY RD.
RAVENSCROFT ST.
COLUMBIA RD.
Columbia Road Flower Market
COLUMBIA RD.
GOSSET ST.
Standpoint Gallery
White Cube Gallery
OLD ST.
OLD ST.
GREAT EASTERN ST.
BETHNAL GREEN RD
OLD STREET
BLACKALL ST.
Westland London
LUKE ST.
CHESHIRE ST.
SHOREDITCH HIGH STREET
Brick Lane Market
CITY RD.
BRICK LN.
Backyard Market
Dennis Severs' House
FOLGATE ST.
COMMERCIAL ST.
WOODSEER ST.
HANBURY ST.
Spitalfields Market
Sunday Market
Exchange Square
BRUSHFIELD ST.
MOORGATE
LIVERPOOL STREET
MIDDLESEX ST.
WHITE'S ROW
FASHION ST.
BRUNE ST.
BISHOPSGATE
Whitechapel Gallery
WHITECHAPEL RD.
Petticoat Lane Market
OLD CASTLE ST.
MOORGATE
The women's Library
ALDGATE EAST
ALDGATE
LEMAN ST.
MONUMENT
TOWER GATE
TOWER HILL
BYWARD ST.

HACKNEY RD.
BETHNAL GREEN
BETHNAL GREEN
CAMBRIDGE HEATH RD.
WHITECHAPEL
MILE END RD
COMMERCIAL RD.
CANNON ST RD.
SHADWELL
THE HIGH

地區簡介

Shoreditch
薛迪奇

我在Shoreditch的街頭拍照時，邊走邊發現藝廊、脫衣舞廳、lounge bar、家具店，似乎這裡的街道上什麼類型的店都可以找到，而且彼此的存在也毫不衝突。一間藝廊的招牌明顯地被成人錄影帶店遮住了大半。餐廳都宣稱走當地風格，採用有機食材。房子的暖氣系統使用的是屋頂的太陽能板，一派經過深思熟慮的生活方式；而在獨立唱片行裡，你只會找到對音樂專業到幾近潔癖程度的店員，一心想指引所有在音樂之路上迷途的羔羊。在這裡，態度很重要。

市集　地鐵　景點

12

Backyard Market

後院市集

倫敦的華山

☞ U Block，位於146 Brick Lane旁邊
⊜ Liverpool Street站（Central、Metropolitan、Circle與Hammersmith & City Line）
Aldgate East站（District, Hammersmith & City Line）
☀ 創意市集 週六11:00—18:00 週日10:00—17:00
⊕ www.backyardmarket.co.uk

1

1茫茫人海中，有個明顯的招牌指示市集的方向。2這個市集永遠永遠都這麼多人。3以為會很貴的倫敦，一件獨特又好看的衣服折合台幣還不到500元。

講到Backyard Market，得先介紹Old Truman Brewery這棟老酒廠的故事。這片11英畝的工廠是由釀酒商Truman's所成立，18世紀時原是Black Eagle啤酒的聯合釀酒廠，也是當時倫敦最大、全英國第二大的釀酒廠。然而在經過無數的合併與轉讓之後，最後Black Eagle決定在別處興建占地更大的新酒廠，而Old Truman Brewery也在1988年面臨關閉的命運。

後來這些釀酒工廠的舊廠房與空地被改建，反而成為倫敦最獨特的藝文區，擁有超過250間不同商店、市集、餐廳與藝廊，有點像台北的華山藝文特區。如此看來，廢棄的酒廠似乎都是一顆經過琢磨即綻放光芒的寶石。

而Backyard Market是附近幾個市集當中最新的一個，卻是第一個在星期六營業的市集，表示大家對這裡相當捧場。這裡有一種放鬆的氣氛，大約有80個攤位，大致上分為兩區，復古商品與二手服飾攤位在左手邊，另一邊則是各式現代手工飾品、服飾、唱片、藝術品等。還有其他地方找不到的年輕設計師服裝品牌、讓人想探聽烹飪祕訣的家常食物等，都窩在這個年紀很輕的市集裡。

就像倫敦東區任何一處都無法隱藏的文化多樣性，Backyard Market同樣令人流連忘返，卻不用付出東區其他精品店的昂貴價格。我尤其喜歡看著這裡來往的人群，他們的穿衣風格彷彿每個人都有自己的造型師一般。

BACKYAR
MARKE
£10.00 
And Under!

SHOP
精選好店

1 The Tea Rooms

☞ Backyard Market

這個隨性的茶館與家具古董店位於釀酒廠的建築裡，入口處掛了一個茶壺的招牌，室內還有其他琳琅滿目的攤位，彷彿走進一個只有內行人才知道的祕密交易市集。

2 Cut Out Girls

☞ Backyard Market

兩位藝術系畢業的女生，專賣以二手或回收材質自製的手工織物，大部分是包包，有些是用傳統織法製作。他們的作品還曾在倫敦Premier Arts Gallery展出。

Must Buy!

服飾
Clothes

FOOD
必嚐美食

3 Rough Trade East

☞ Dray Walk, Old Truman Brewery

被幾個樂團推為倫敦最棒的獨立音樂唱片行，還有一間賣著知名Monmouth咖啡的咖啡館。音樂類型以另類、後龐克、地下樂團為主。旗艦店內也常舉行小型演唱會。

4 Boiler House Food Hall

☞ 152 Brick Lane

也是原來Old Truman Brewery一部分的Boiler House，現在變身成為倫敦最新的室內美食區，擁有超過30個世界美食攤位，集合了日本料理、義大利菜、中東美食等各國美食。

SPOT
附近景點

5 Whitechapel Gallery

☞ 77-82 Whitechapel High Street

挑高的白色室內，非常美麗的現代藝術重鎮。展覽包括當代經典例如畢卡索、Jackson Pollock、Mark Rothko、Frida Kahlo，以及其他現代藝術大師Sophie Calle、Lucian Freud、Gilbert & George與Mark Wallinger的作品。展覽規劃與空間感的呈現堪稱是相當精緻的藝術體驗，最經典的展覽為1956年有關戰後的英國Pop Art藝術「This is Tomorrow」展。美術館的小小商店有數量豐富的藝術明信片與書籍；餐廳提供真材實料的歐式家常菜，甜點巧克力奶泡佐燉蜜桃令人難忘。

老舊酒廠變市集，於週末吸引眾多人前往，帶來全新氣象。

13

Brick Lane Market

磚塊巷

應有盡有的迷宮市集

☞ 分別位於Brick Lane（從鐵路橋北邊一直到Bethnal Green Road）、Bethnal Green Road（從Brick Lane到Commercial Street）、Cheshire Street與Sclater Street

⊜ Liverpool Street站（Central Line、Metro Line、Hammersmith & City Line與Circle Line ）
Aldgate East站（Hammersmith & City Line與District Line）

☀ 觀光市集 週日09:00—17:00

⊕ www.visitbricklane.org

1

2

1街頭充滿塗鴉與海報牆，是此區的特色街景。2這間彷彿棄置的倉庫裡有著各式各樣的二手木椅。3櫥窗裡的復古風格，充滿風情。

從最常見的復古衣、便宜的成衣、CD、二手書，到生鮮蔬果、起司、腳踏車，還有應該是從家裡搜出的各種雜物與舊家具等，可說是什麼都有。有些東西真讓人懷疑有人購買的可能性，像是顏色不特別、而且金屬部分已經生鏽的大髮夾。一條街走完還有左右兩邊的巷子，Brick Lane Market不但容易迷路，而且逛不完。

陽光照不到的角落瀰漫著一股都市特有的凌亂氛圍，好像一不小心就會撞見非法交易；但一轉彎，倏地陽光遍地，新鮮果汁叫賣聲與服裝顏色創意大膽的人群擁著你往前走，彷彿剛才那些感覺都沒發生過。

Brick Lane區可說是倫敦最混亂的市集，換個角度來看，也可以說是充滿生氣。基本的市集位於Bethnal Green Road、Sclater Street與Cheshire Street，其中若要找獨特的老東西，內行人會選擇到Bethnal Green Road，古老的錄音帶、老腳踏車、相機、二手衣、70年代的燈飾、電器到工具等，只要耐心挖寶，時常會發現驚喜。

Sclater Street則呈現不同的感覺，有許多家具、自行車、服飾配件、DIY工具，甚至還有金魚水族攤；但如果你走到Cheshire Street時，請一定要注意隨身財物。

1 P.R.K. Blackmans Shoes
☞ 42-44 Cheshire Street

都是已經絕版、或僅此一雙的傳統英式手工男鞋，價格便宜，很多一雙都只要15英鎊。但這些鞋子也非常挑人，得試試運氣。

2 Bernstock Speirs
☞ 234 Brick Lane

這個設計師雙人組的帽子非常適合參加復古party，但又多了一點慧黠的風格。Kirsten Dunst、Karl Lagerfeld、Victoria Beckham、Ralf Fiennes、Sharon Stone都跟他們買過帽子。

3 Benets of Cambridge
☞ 121 Bethnal Green Road

來自劍橋的手工義大利冰淇淋，每天現場製作。冰淇淋櫃裡二十幾種口味，可以試試站在前面難以抉擇的感覺。除了冰淇淋，這裡還有可麗餅、蛋糕、咖啡等。位於繁忙Brick Lane轉角，很喜歡它隨性的室內空間、大片玻璃窗與店內植栽。

4 Franze and Evans
☞ 101 Redchurch Street

櫃台前的蛋糕將會改變你對於糕點的看法，甚至連聽起來最不討喜的胡蘿蔔與小南瓜(courgette)杯子蛋糕，都充滿魔力。

5 Beigel Bake

☞ 159 Brick Lane

這間店的打拚程度連愛工作的東方人都自嘆不如：全年無休，而且24小時營業，是Brick Lane必訪之地。店裡雖然也有其他糕點，但貝果才是這裡的王道，尤其是芥末鹹牛肉貝果與奶油起司鮭魚貝果。旁邊還有一間競爭對手叫做Beigel Shop，自稱才是英國最早的貝果店。你可以比較一下是不是老的好。

6 Westland London

☞ St Michael's Church Leonard Street

一間讓人意想不到的古董店，位於教堂裡，挑高莊嚴的空間到處都是壁爐與壁爐架，是店主專精的項目。但這裡可不只這些，還收藏了從倫敦18、19世紀老房子中搶救出來的室內裝飾。店裡的陳列方式，根本就是一間博物館。

Must Buy!

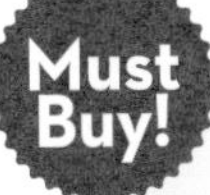

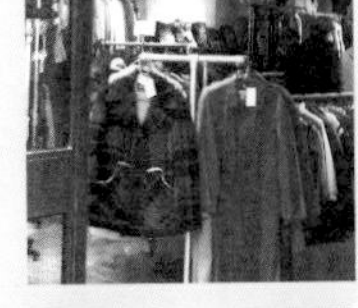

復古二手衣 …… 1
Second-hand Clothes

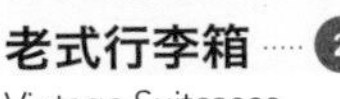

老式行李箱 …… 2
Vintage Suitcases

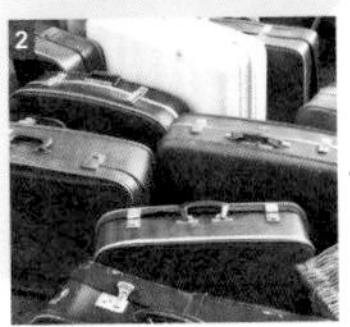

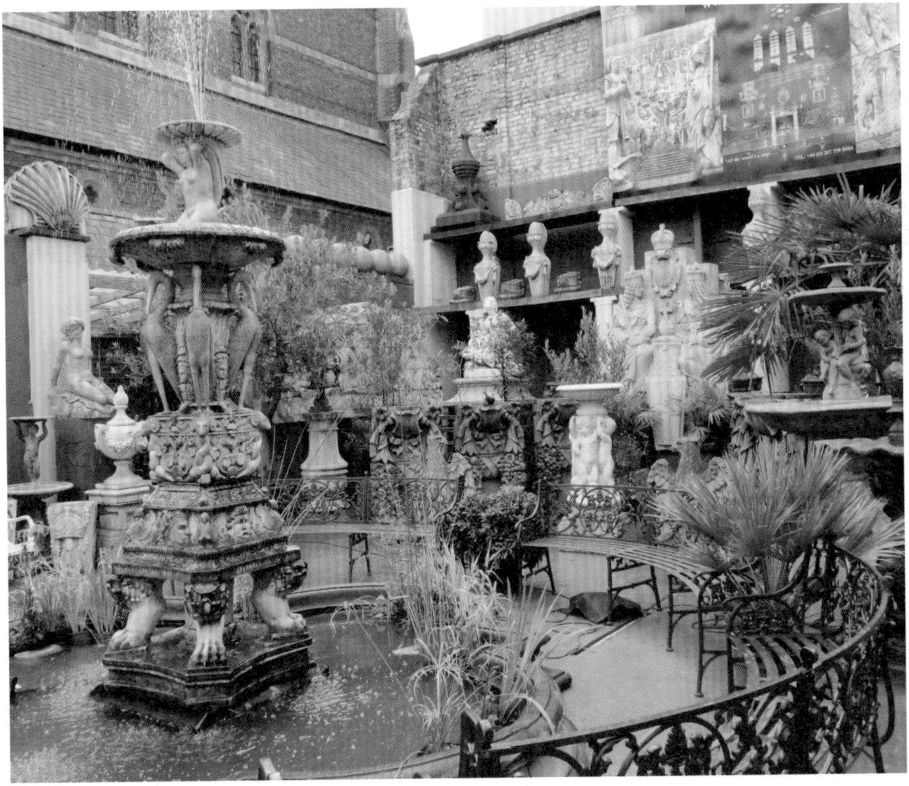

@ WORK
156

1好天氣最適合逛露天市集。2這市集附近還有一些有趣的小店。3天氣好的時候，這裡的人真的很多。4長長的馬路上，各種攤位都有。5這裡的水果看起來都很好吃。

Hoxton Street Market

哈克斯頓街市集

水果、鰻魚、洋裝、清潔劑的攤子全在一起

☞ Falkirk Street到Nuttall Street中間的Hoxton Street
Old Street站（Northern Line）
☀ 農夫市集 週一至六07:30—18:00
hoxtonstreetmarket.co.uk

從1687年Hoxton就有了這個市集，從週一至週五，賣些生鮮蔬果以及肉類，感覺只是一個普通的菜市場；但是到了週六，服飾、鞋子、家飾品、熟食攤通通冒出來了，你能想得到的都有人擺攤。這當然吸引了人潮，只不過天氣不好時，這個戶外市集還是有可能顯得冷清，不管攤販或是客人都寧願窩在家裡，或是去別處有屋簷遮蔽的地方逛逛。所以如果是下雨天，建議你還是作別的打算；不然整條濕漉漉的柏油馬路，很可能只有你跟四、五個生意不太好的成衣攤子作伴。

比起其他變得現代的East End市集，Hoxton Street Market仍保有這個區域的不羈個性，石榴、鰻魚、洋裝、清潔劑、靴子的攤子全都在一起，沒有分類。不過這倒是充滿驚喜，一點都不會有看膩或逛膩這回事。

這種不去特別討好的調調正是倫敦藝術時尚人士喜歡的氛圍。這附近有許多知名的咖啡館、餐廳、pub及藝廊，如果逛完市集還意猶未盡，就去前衛的White Cube看展覽吧。週末傍晚，人們總是聚集在Hoxton Square的Pub外面聊天。

Welcome to Hoxton Street Market

Green Apple 8 for 1.00p 20.p EACH

ORNGE 10 for 1.00 15.p EACH

3 FOR 1.00

CLEMENTINA 63LB 1.39KG

1 SCP

☞ 135 Curtain Road

其實就是從客廳到廚房、臥室、浴室，甚至走廊上的所有家具與家飾生活用品店，每樣商品都讓人想買，很可怕。1985年成立，還得過獎，這間是SCP EAST，另外還有一間分店SCP WEST。

2 Camden Lock Books

☞ Old Street Station

位於Old Street Station裡，是獨立書店裡屹立不搖的大老，有很多經典、精選、看都沒看過但想買的書，而且令人不可置信地全擠進了這間其實不大的書店裡。喜歡老闆用CD整理盒歸納收藏一些很棒的作者的系列作品。

3 EL PASO

☞ 350 Old Street

經過時很喜歡這間店的樸實輕鬆，一樓是咖啡館與墨西哥餐廳（當然也有瑪格麗特等經典調酒），另外還提供適合工作的空間，包括WiFi、Power Points及個人鎖櫃，相當方便。位於地下室的The Gopher Hole則是舉行展覽與藝文活動的場地。

4 Electricity Showrooms Bar

☞ 39a Hoxton Square

現在是咖啡館兼pub，但在1920年代，這裡真如其名是一間賣吸塵器、烤麵包機的電器展示中心。總之，現在Electricity Showrooms Bar白天是咖啡館，也供餐；到了晚上，地下室就變成一間DJ飆勁的舞廳。

5 F. Cooke's Pie and Mash

☞ 150 Hoxton Street

這間傳統老店從1900年開始賣鰻魚凍、派與洋芋泥，連貝克漢都來吃過。老闆海派又和善，隨意地就跟我聊了起來。據他說，地上撒鹽是為了讓掉在地上的鰻魚刺容易清理，妙！

6 Hoxton Bar & Kitchen

☞ 2-4 Hoxton Square

設有現場表演的Bar。份量超大的brunch一直供應到下午5點，可選擇坐在戶外區域，欣賞旁邊的公園。

7 Geffrye Museum

☞ 136 Kingsland Road

以一系列從1600年至今的房間，從家具、織品、繪畫以及裝飾藝術的陳列，展示英國中產階級居家室內空間的演進。觀者將宛如漫步在時光隧道之中，是相當特別的博物館。

heatheronhertravels

水果 ……… 1
Fruits

二手衣 ……… 2
Second-hand Clothes

8 White Cube Gallery

☞ 48 Hoxton Square

我一直記得在這裡看到Damien Hirst貼滿蒼蠅那幅作品時的震撼。從2000年4月開幕以來，這間2000平方英尺、知名的現代藝術藝廊已經展出過Damien Hirst、Tracey Emin、Marc Quinn等大師的作品。目前全世界總共有6間White Cube Gallery。

Cruzcampo

1

1、2這裡成為非裔社區後，有很多非洲布料店。3市集的轉角，即是一小區美食區，許多上班族在此買午餐。

15

Petticoat Lane Market

內衣巷市集

充斥色彩鮮豔的非洲風與假髮

☞ Middlesex Street與Wentworth Street以及附近連接的街巷

Ⓜ Liverpool Street站（Central Line、Metro Line與Circle Line）
Aldgate East站（Metro Line與District Line）
Aldgate站（Metro Line與Circle Line）

☀ 生活市集 週日09:00－14:00，週一至五Wentworth Street較小的market則10:00－14:00

平常這裡是個較小的市集，週日則滿是人潮，將近1000個攤位延續整整兩條街，算是倫敦最大的街頭市集之一。除了日用品之外，整體來說是以成衣為主的市集。市集裡到處都是便宜的成衣、鞋、背包與飾品，還有許多過季以及僅能用豔麗來形容的服飾，穿上之後我想只適合去pub跳舞。

這個市集可以追溯至1750年代，當時有許多十七世紀法國新教派Huguenot教徒在這個區域定居，他們在這裡賣一些蕾絲與內衣，因此被稱為「內衣巷」。

現在這裡逐漸變成非裔社區，所以販賣的衣服通常非常鮮豔。兩旁有很多非洲布料店，還有非洲假髮。從蕾絲內衣演變至今成為色彩大膽的非洲風真是非常有趣，我想當初那些搬來這裡的教徒一定沒想到之後會有這樣的轉變。

不過老實說這裡的成衣風格不太合我胃口，所以我馬上就轉向市集的另一區域──美食區。就在市集的轉角，有一處露天美食區，算算大約有4、5個美食攤位，不過也可能是因為我來的這一天不是週日，假日的攤位說不定比較多。儘管當天的美食選擇不多，但印度與摩洛哥食物非常美味，滿滿一盒的摩洛哥香料肉丸飯只要 4英鎊。我買來之後立刻站在攤位旁邊吃了起來，直到吃完飯盒裡的最後一口，才將空盒子扔在旁邊的垃圾桶，一旁等候的鴿子們可能相當失望。

TEXTILES
HOLESALE • RETAIL • EXPORT
s • Guinea Brocade • Wax • Organza • Damask • Head Ties
Tel: 020 7375 1616
24-7
MONIQUE TEX
WHOLESALE • RETAIL
SWISS VOILE • JACQUARD CUPION • GUINEA BROCA
HOLLAND WAX • ORGANZA DAMASK • HEA
BABY LACE & WAX £10 LACE FROM £15–£35
Sale RAIL
food court
THAI TASTY TAKEAWAY

2

12

SHOP
精選好店

1 Monique Textiles

☞ 8 Wentworth Street

2002年就開始營業的非洲布料店。

店內有販售各式花色，也提供訂製服務。可以挑一款布為自己訂做充滿非洲風味的抱枕。

FOOD
必嚐美食

2 露天美食區的摩洛哥美食

☞ Petticoat Lane Market

雖然總是有人在排隊等候，但是這幾位小哥的動作很快，所以沒一會功夫你的外帶餐點就熱騰騰地端上了。

Jim Linwood

非洲布料織品 ······ 1
African Cloth

超便宜洋裝 ······ 2
Cheap Dresses

DaveBleasdale

16

Spitalfields Markets

斯比都菲爾市集

經典的IT girl ／ boy品味

1

☞ 在Lamb Street與Brushfield Street之間的Commercial Street西側，Crispin Place

Ⓔ Liverpool Street站（Central Line、Metro Line與Circle Line）
Aldgate East站（Metro Line與District Line）
Shoreditch站（East London Line）

☀ 週日09:00—17:00（主要Traders Market的假日市集）
週二至五10:00—16:00（市集部分攤位）
每月第一個週四至日（Arts Market）
週一至日10:00—19:00（商店）

🌐 www.spitalfields.co.uk

你來到了倫敦最古老的市集。這裡原本是倫敦最大的蔬果批發市場之一，1991年蔬果市場搬到另一個較現代的建築後，這裡演變為展現East End那種強烈藝術性又風格獨立的經典。

我在週日的午後來到這裡，室內市集布置規劃得十分雅致，與Covent Garden的Apple Market相當，但又比它大得多。雖然我沒特別注意到明顯的市集分區，但根據官方說法，這個市集分為Old Spitalfields Market、Traders Market以及Arts Market。

就位於入口處的Old Spitalfields Market，攤位從古董、藝術品、創意手工藝品、設計師首飾、創作T恤都有，從頭逛到尾都不會膩。

屬於獨特IT girl/boy品味的Traders Market現已有110個攤位，從復古二手衣、音樂到首飾、家具家飾都可蒐羅。旁邊也發展出許多時髦的獨立商店與餐廳。逛完市集之後，我在Traders Market旁邊的咖啡館坐了很久，因為這裡每個人的IT風格實在太吸引人了。

在Arts Market可看到許多值得關注的藝術新秀，11月直至聖誕節則每週開放，顯然是挑選聖誕禮物的最佳之地。

雖然市集附近有幾家不錯的餐廳，但市集一角就有好吃實惠的小吃店面，提供印尼料理、素食、串燒、falafel、摩洛哥美食、中國菜等。我再次無法抗拒地挑選了印尼料理，沒一分鐘老闆即遞給我一整盤熱騰騰的濃稠食物，冬天有誰能抗拒這樣簡單溫暖身心的料理？

2

3

4

5

1 市集附近的店多屬於IT girl/boy品味。2 這個市集裡除了服飾、手工藝品等，各種美食也值得一試。3 各式手工香皂。4 這裡的設計商品或藝術創作都是獨一無二的。5Spitalfields Markets與附近店家已自成一區，成為週末的聚會場所。6 放眼望去，手工藝品、手工藝品、手工藝品。

6

SHOP
精選好店

1 各手工藝攤位

☞ Spitalfields Markets

這裡的手工藝攤位已經無法單獨介紹了，因為每一個都很精采。從織品、飾品、包包、藝術品、玩偶小玩意等，真可說是五花八門。

2 舊雜誌攤位

☞ Spitalfields Markets

就像喜歡在二手書店裡待著，在這裡翻翻找找，可以找到許多有意思又年代久遠的刊物。

3 Traffic People

☞ 61-63 Brushfield Street

這間服飾店在門口停了一台汽車，占據了經過遊客的目光。這裡的商品充滿女性的魅力，如絲質洋裝、長度剛好隨意垂掛胸前的項鍊等。店裡的衣服以顏色區分，相當悅目。

4 Foxbet Boutique

☞ Spitalfields Market

彷彿早期美國影集女主角穿的復古洋裝，店裡比比皆是。如果妳已找到適合自己的紅色唇膏，這裡就是適合妳的店。店裡也賣家具，也是走同樣風格。

5 市集一角的美食店面

☞ Spitalfields Markets

Spitalfields Market把美食全部集中在市集的同一區，相當方便。一整排的各國料理都具水準，尤其價格又比餐廳實惠。

6 Gourmet Burger Kitchen

☞ 5 Horner Square

又稱為GBK，是連鎖漢堡店，價格為麥當勞的三分之一而選擇更多。這裡也有許多沙拉與素食料理。服務普通。

7 Leon

☞ 3 Crispin Place

室內非常大，但給人隨性溫暖的感覺，即使只是美式咖啡都很好喝。雖然是連鎖速食店，但Leon曾獲選《Restaurant》雜誌「最健康的連鎖餐廳」，所以你可以點到像是草莓燕麥優格smoothie、Superfood Salads，以及醃橄欖、燒烤希臘起司（grilled halloumi）等冷熱開胃菜。非常推薦這裡的Superfood Salads與鯖魚沙拉（Mackerel Salad），而且外帶價比較便宜。你會想一直在這裡窩著，尤其還能免費上網。除了週日，每天至少開到晚上10點。

Must Buy!

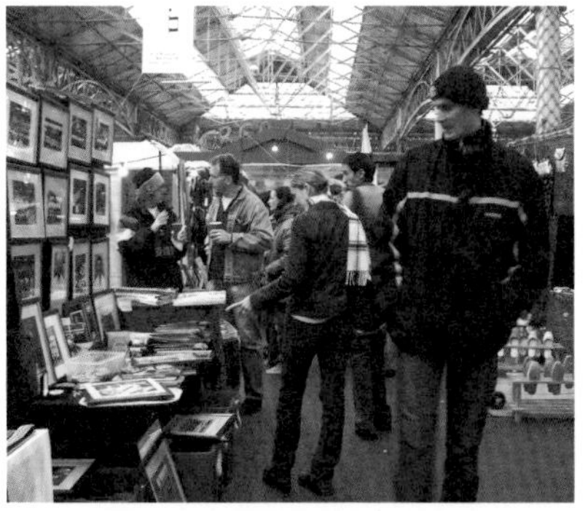

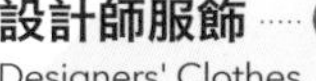

設計師服飾 ······ 1
Designers' Clothes

手工藝品 ·········· 2
Arts and Crafts

1

2

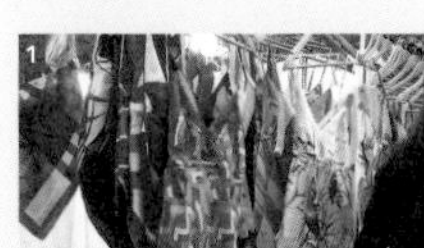

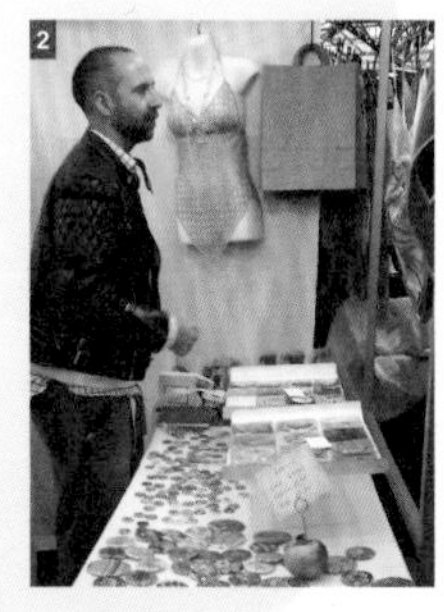

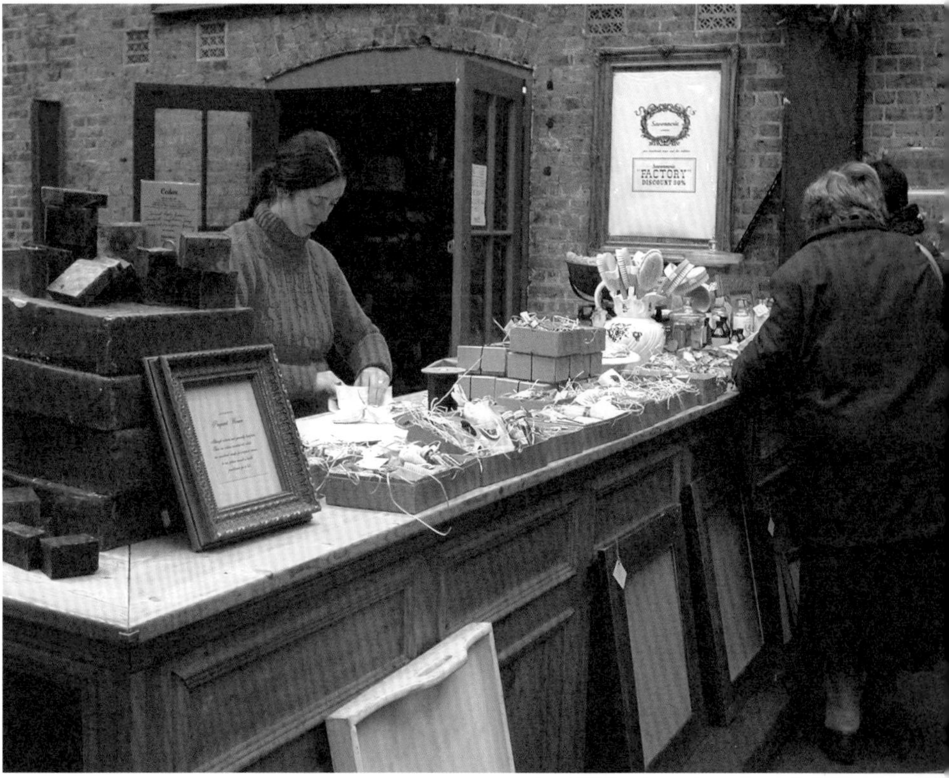

TOSHIBA
Leading Innovation
OXO
cubes
OXO
cubes

OXO

1 每到週日這裡總是吸引許多人潮。2 一樓入口處的美食區可以看到許多不同國家的料理。

17

Sunday UpMarket

週日Up市集

邪惡的美食以及從靈魂放克起來的時尚

☞ Elys Yard, Hanbury Street與Brick Lane
⊜ Liverpool Street站(Central、Metropolitan、Circle與Hammersmith & City Lines)
Aldgate East站(District, Hammersmith & City Lines)
☀ 創意市集 週日10:00—17:00
⊕ www.sundayupmarket.co.uk

兩層樓的Sunday UpMarket是另一個位於Old Truman Brewery的市集，就在Hanbury Street與Brick Lane 的交叉口。自2004年9月成立，現在已有140個攤位，永遠都是人擠人。市集裡放著雷鬼放克舞曲，各式便宜的街頭食物，獨一無二的手工飾品與服飾，還有許多隨性擺放的桌椅，我跟著滿滿的人潮移動時，發現心情竟然相當愉快。通常我看到那麼多人就避之唯恐不及的。

一樓入口處即是美食區實在是邪惡得可以，因為即使還沒走進市集也會被香氣吸引進來。看到印度與摩洛哥料理、巴西菜、壽司與炸物、土耳其美食、有機飲食……這些熱騰騰的現做美食，簡直是你能想像的環遊世界美食版；而師傅們動不動就要你試吃，就算原本不餓，也會被這些美食挑起食慾。

這裡的時尚屬於復古與文青風格，有諷刺搞笑的科幻T恤，也有類似Urban Outfitters但是價格只有其四分之一的佳品。我不會驟然下結論說這裡擁有最獨特的時尚潮流，但絕對可以開啟你許多搭配的新靈感。總之我逛到二樓時已經完全無法自持，只能使勁撇開頭快速逃離現場。這裡大部分的攤位都不收信用卡，請斟酌身上所帶的現金再出手。

sunday
up
market
sunday
up
market
photo
month
photo
-open
Young
Masters
lickers
licker

h2theE

SHOP
精選好店

1 Rosie Wonders
☞ Sunday UpMarket

色彩鮮豔又古靈精怪的手繪卡片與珠寶。設計作品見於Liberty、Selfridges、Designers Guild與Urban Outfitters。珠寶約5至35英鎊。

2 i am acrylic
☞ Sunday UpMarket

手工切割設計的壓克力材質飾品，可愛得非常中性，有些還充滿了童話的味道。可上他們的網站訂購。

FOOD
必嚐美食

3 Casita
☞ 5 Ravey Street

小小的雞尾酒pub，大概只坐得下8個人。每款調酒都很好喝，認真程度足以對抗日本拉麵魂的南美調酒。是Shoreditch最具親和力的pub。

4 Moroccan Food
☞ Sunday UpMarket

望著幾鍋香濃的咖哩與燉肉，熱氣騰騰，總是忍不住就買了一份。生意非常好。

5 Dennis Sever's House

☞ 18 Folgate Street

這是一棟需要你用五感去體驗的18世紀老房子，屋主Dennis Sever以非常藝術家的概念，不但完全保留了當時的室內陳設，甚至還以聲音、氣味與光線等各種方式呈現原貌，讓參觀者彷彿掉入時光隧道裡。走進廚房，爐子上還燉著菜；在起居室你甚至能聽見他們在隔壁房間的對話。請預約導覽。

飾品 ❶
Accesories

復古衣 ❷
Vintage Clothes

18

1

2

1這裡也賣各類種子與球根，秤重來賣。可惜無法買了帶回台灣。2等著小紅帽來逛花市的大野狼？3、4這裡瀰漫著一股悠閒，人們來這裡尋找一種生活情調。

Columbia Road Flower Market

哥倫比亞路花市
一切包圍著花的驚喜城鎮

☞ Ravenscroft Street到Barnet Grove中間的Columbia Road
Ⓔ Bethnal Green站（Central Line）
Shoreditch站（East London Line）
Old Street站（Northern Line）
☀ 花市 週日08:00—15:00，12月第一與第二個禮拜週三開放至晚上
⊕ columbiaroad.info

原本心想這應該只是一個花市，然而，從地鐵站走來，愈接近市集，咖啡館、絲綢抱枕家飾店、設計精品店等沿路展開。這條歷史味濃厚的街道幾乎都是1860年代的維多利亞建築，一切包圍著花的驚喜城鎮。

市集所在的街道並不寬，攤位一個接著一個，充滿了各種顏色，市集裡的花很多都沒看過，很美，價錢也比花店便宜太多了。除了切花，也有許多盆栽與植樹、園藝工具等。大部分的花農都住在Essex，所以這些種植的花圃也在附近，可說是真正的當地產銷。有時一轉頭，我會誤以為身在中世紀的小村莊裡。

在不同角落常常可以看到街頭藝人表演，還有不同風味的餐廳提供海鮮、英式早餐或西班牙小吃。光是在這一條街上就擁有60間獨立的小店，每一間都可能只比你家的客廳大一點，但都令人躍躍欲試想晃進店裡。藝廊旁邊是杯子蛋糕店，而復古衣店與古董店吸引了同樣多的人，你只能隨著人潮慢慢走進，還好大家走出的速度也一樣緩慢。

這裡讓人想起生活本該有的悠閒與生意盎然，非常適合晴朗的星期天早晨，即便只是在這裡隨處晃晃，你都覺得自己來到了一處綠洲。今天像梅格．萊恩的心情，微笑，一束花，跨著大步走路。

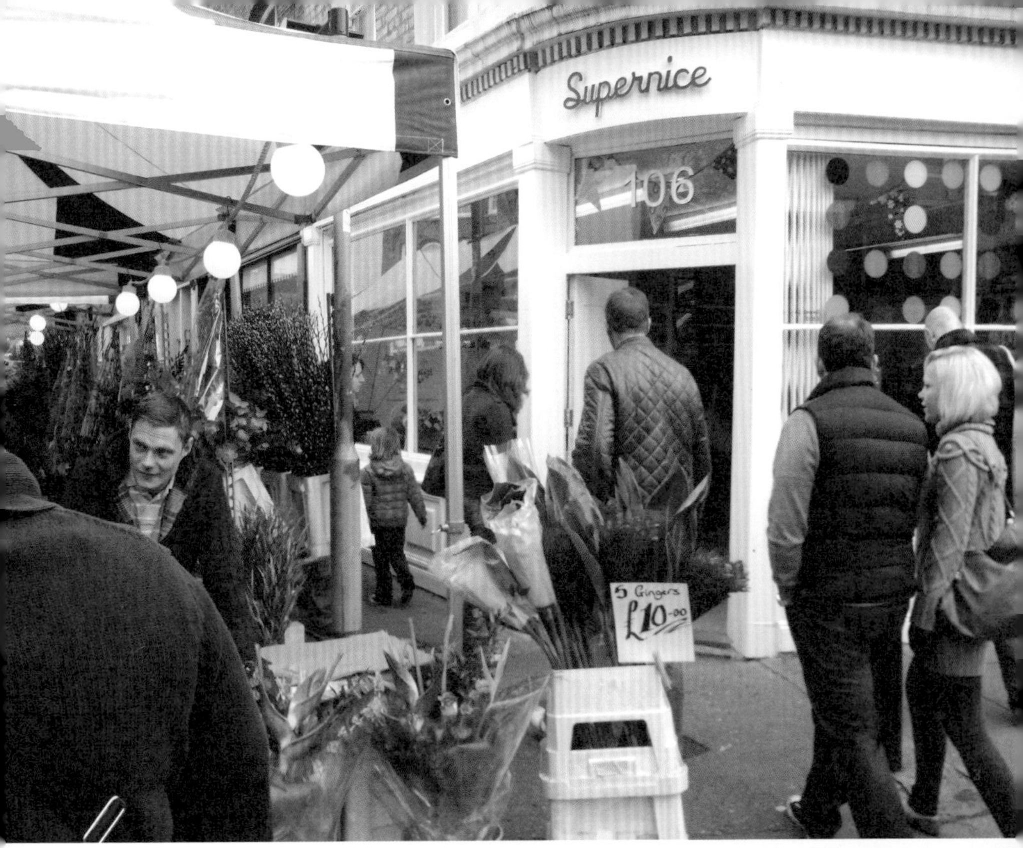

Supernice
106
5 Gingers
£10-00

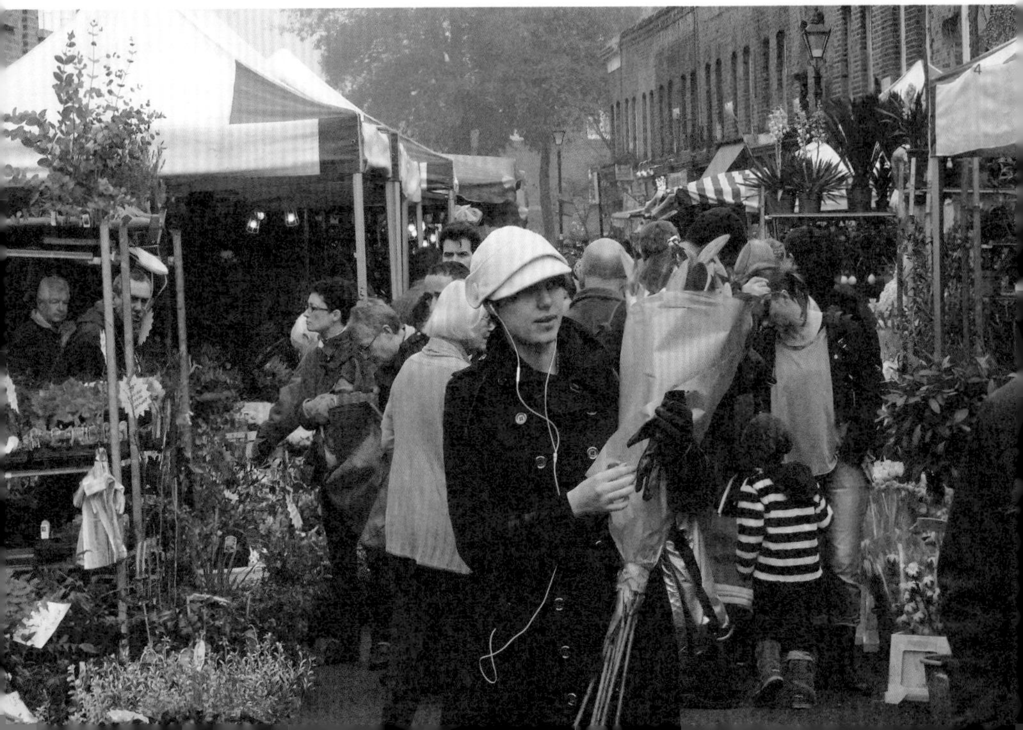

1 Putnams

☞ First Floor, The Courtyard, Ezra Street

Antoinette Putnam在Covent Garden與Portobello Road也有分店，但據她所說，這裡是最棒的一間。你可以在這邊找到許多鄉村質感的藤編品、19世紀的瓷器或是古老的園藝書籍，還有一些她設計的印花棉製品。

2 J & B The Shop

☞ 158a Columbia rd

來自威爾斯的兩個女孩，手工做的威爾斯式田園風卡片、首飾、家飾品、服飾，從2005年開始擺攤，到現在開了一間概念店。Jessie擅長以紙、織品與任何找到的小東西創作；而Buddug則以搪瓷、金屬等材質融和成作品。在她們的店裡，一切恬靜。

3 Milagros

☞ 61 Columbia Road

賣從櫥窗就已感受濃厚的墨西哥風情，滿是鮮豔的顏色。店內都是墨西哥家飾品、小型家具甚至還有傳統婚禮裝飾品，這裡最有名的就是墨西哥手工瓷磚，總會見到許多人拿著一疊瓷磚排隊等著結帳。

4 Idonia Van Der Bijl

☞ 122 Columbia Road

店裡充滿了幽默的卡片、瓷器、玩具、廚房用品與珠寶等。光是櫥窗前各種可愛好笑的小玩意，就可一窺這間店的風趣，很適合當作一段旅程的紀念。

FOOD
必嚐美食

5 Lee's Seafoods

☞ 134 Columbia Road

雖然只是路邊的小攤子，卻是經營超過50年的家族企業。他們的炸蝦與炸花枝非常適合中午邊走邊吃，可惜的是份量有點少，不太過癮。買了一杯炸花枝之後，我反倒想念起台北街頭一整袋的鹽酥雞與炸花枝了。

6 The laxeiro tapas bar

☞ 93 Columbia Road

鄉村般的白色外觀，裡面卻是紅色調的溫暖小店，是一間家庭經營的西班牙tapas吧。經典的西班牙tapas小吃之外，還有創新菜色如起司填朝鮮薊、蔬菜可麗餅、大蒜雞等。

SPOT
附近景點

7 Exchange Square

位於Liverpool Street Station的上方，這片突然出現在都市高樓大廈群中的空地，擁有一種難能可貴的寧靜。廣場中還有一座由藝術家Fernando Botero雕塑的Broadgate Venus雕像美麗地側躺著。

ⓒⓘ HerryLawford

Must Buy!

花 ········ 1
Flowers

雕刻飾品 ········ 2
Carving Decorations

手工瓷磚 ········ 3
Handmade Tiles

138
Café
Columbi
Kleenex

London Bridge
Southwark cathedral
Borough Market
LONDON BRIDGE
SOUTHWARK ST.
SOUTHWARK ST.
Old Operating Theatre
SOUTHWARK
MARSHALSEA RD.
ST THOMAS ST.
Fashion and Textile Museum
The Design Museum
TOOLEY ST.
SHAD THAMES
BOROUGH
BERMONDSEY ST.
TOWER BRIDGE RD.
JAMAICA RD.
BOROUGH RD.
BOROUGH HIGH ST.
GREAT DOVER ST.
LONG LN.
BERMOND
ELEPHANT& CASTLE
SOUTHV
RODNEY RD.
Cuming Museum
OLD KENT RD.
WALWORTH RD.
DAWES ST.
EAST ST.
East Street Market
THURLOW ST.
ROLLS RD.
TRAFALGAR AVE.
OLD KENT
ALBANY RD.
JOHN RUSKIN ST.
CAMBERWELL RD.
SUMNER RD.
SOUTHAMPTON WAY
CAMBERWELL NEW RD.
COMMERCIAL WAY
PECKHAM HILL ST.

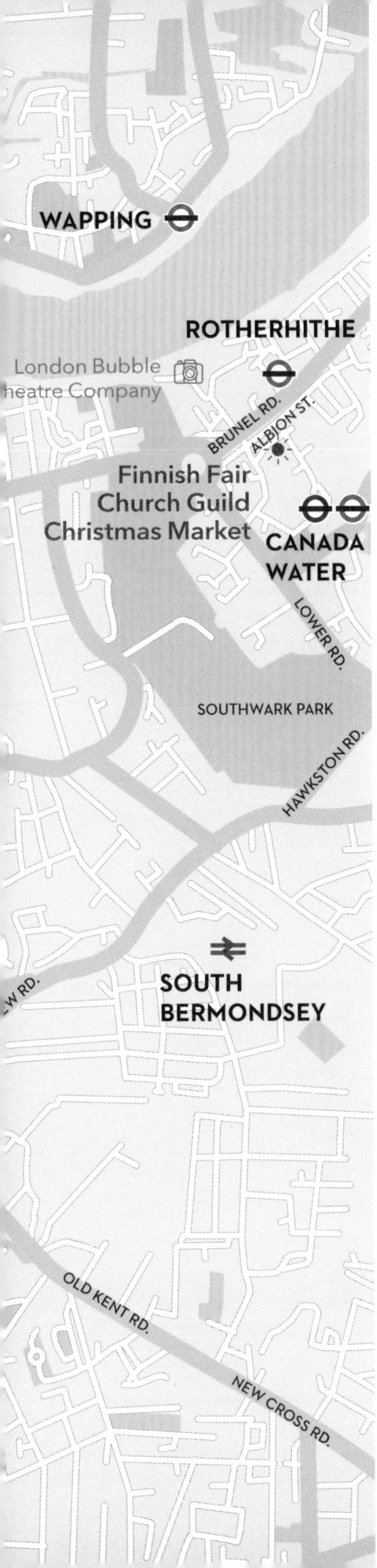

WAPPING
ROTHERHITHE
London Bubble
heatre Company
BRUNEL RD.
ALBION ST.
Finnish Fair
Church Guild
Christmas Market
CANADA
WATER
LOWER RD.
SOUTHWARK PARK
HAWKSTON RD.
SOUTH
BERMONDSEY
W RD.
OLD KENT RD.
NEW CROSS RD.

地區簡介

Southwark
南華克

就在河畔的這一區，是遊覽泰晤士河很好的起點，你可以從這裡決定往上游或下游遊覽。光是Southwark這個區域裡就有12間大眾圖書館，其中包括得過獎的Peckham Library。倫敦的第一批劇院The Globe、The Hope以及The Rose都是16世紀時建造於此，而莎士比亞的第一齣戲劇就是在這裡演出；後來重建的Globe Theatre也成為倫敦最棒的劇場之一。從摩登的City Hall到歌德風格的Southwark Cathedral，讓這裡完整呈現了倫敦這5個世紀以來的建築演變。這裡某些地區租金較低，也因此吸引許多藝術家以這裡為新據點。

市集  地鐵  景點

1

2

3

1Borough Market是倫敦人的廚房。2、3這裡是生鮮蔬果的天堂。4光是橄欖就可以有一整攤在賣。5到了冬天，這裡還會賣聖誕樹。

19

Borough Market

波若市集

從此一般人也過著幸福快樂的日子

☞ 主要入口位於Borough High Street
⊜ London Bridge站（Northern Line、Jubilee Line）
☀ 農夫市集
週四11:00—17:00
週五12:00—18:00
週六08:00—17:00
⊕ www.boroughmarket.org.uk

減肥過的人應該都瞭解那種錙銖必較的感覺：每一口菜在放進嘴前都得先在水中過一下、在超商買食物飲料時總是先找熱量標籤、吃了一些不該吃的食物就產生無比的罪惡感……為了減掉那幾公斤，我們與食物之間劍拔弩張。

以這樣的角度切入主題也許有點奇怪，但在Borough Market，攤販與客人對食物都有著某種特殊的感情，或是因為這裡的某個攤位，而從此增加了對抗心情低潮的祕密武器。在這個倫敦最知名的美食市集可以找到英國與世界各地的美食，從蔬果生鮮、手工果醬、手工早餐穀片、蜂蜜、傳統麵包、糕餅與甜點，到各種起司、加工肉品（香腸、鵝肝醬等）、葡萄酒等，當然還有café、餐廳和許多熟食舖讓你邊走邊品嚐。各種餐點如fish & chips、炸魚塊、炸花枝、摩洛哥咖哩與魚湯、牛排三明治、薄荷醬羊肉三明治、壽司等，食材大都直接來自市集內，正是local food的最佳實踐。冬天還有好幾攤賣mulled wine、mulled apple等熱酒精飲料。

這個生氣蓬勃的農夫市集（farmers market）分成三部分：Jubliee Market、Green Market與Middle Market，都在室內，所以即使天氣不好也不用擔心。Green Market主要為熟食路邊攤，Jubiliee market則以起司與糕餅麵包為主，Middle Market較多生鮮，從蔬菜水果到魚肉攤皆有。

4

這裡美麗的維多利亞建築曾出現在〈BJ單身日記〉、〈哈利波特：阿茲卡班的逃犯〉等電影裡，並獲得2010年London Lifestyle Awards的年度倫敦美食市場獎。這個美味又時髦的美食市場，讓我們不用是王子公主，也一樣能過得幸福快樂。

5

1 Bedales

☞ 5 Bedale Street

這裡選酒的標準很廣，不只選知名的牌子，你還會看到黎巴嫩的紅酒放在經典法國紅酒旁。對老闆Arnaud Compas而言，每一瓶酒都訴說著故事。選酒前，他會去瞭解這個國家、民族、地區的氣候、酒莊及照顧葡萄的人。

2 Roast to go

☞ Borough Market

我從沒想過串烤培根肉捲櫻桃會這麼好吃，不過這絕對是會讓你心肌梗塞的食物，因為那培根真肥！如果吃得下，請一定要點他們的Pork Torpedo（豬肉潛艇三明治），像任何真正的料理，簡單又深邃。

3 Monmouth coffee

☞ 2 Park Street

1978年，兩位女生開了一間賣咖啡豆小店，兩人窩在地下室用老式的方式烘焙咖啡豆，並讓客人在店裡試喝了之後再買。2001年，她們在Borough Market開了這第二家店。那天我點了拿鐵，非常好喝。

4 Fish! Kitchen

☞ Cathedral Street

是由餐飲名人Tony Allan成立的連鎖餐飲集團。Fish! Kitchen位於Bedale Street附近，永遠都有人在排隊的一家傳統英式fish & chip外帶店。此外，他們也賣魚派、現做的魚湯和魚塊等。

5 L'UBRIACO-Drunk Cheese

☞ 26 Saint John's Lane

位於Green Market內，每週四至六營業。「ubriaco」在義大利文是「喝醉」的意思。他們在最後6個月將起司浸在當地的紅酒裡，通常用的是merlot、cabernet或raboso，以呈現不同風味，為起司帶來一種香料的辛辣與果香。這裡的起司味道相當濃郁，不管是做菜或搭配沙拉和紅酒都很適合。

6 Fish! Restaurant

☞ Cathedral Street

同樣位於Bedale Street附近，是Fish! Kitchen提供座位與氣氛的升級版。這個圓形露天的玻璃餐廳每天營業，從早賣到晚，提供簡單經典的魚料理，還可眺望南華克大教堂。

7 Hobbs Roast Meat

☞ Bedale Street

就位於路邊，老闆Michael與Julie非常瞭解如何做出法式三明治的極品。以法國麵包不論是夾烤豬腰內肉配蘋果醬、火雞胸肉配蔓越莓醬或是鹹牛肉配醃蒔蘿與芥末，都令人垂涎。

8 Rabot Estate

☞ 2 Stoney Street

老闆是第一家在加勒比海St Lucia島上長年種植可可的可可亞製造商，他們向80位當地農夫採購可可，除了可可粉，還製成堪稱極品的巧克力。店內的巧克力口味非常特別，除了一般塊狀、顆狀和粉狀，還賣不規則碎粒狀和隨性塊狀巧克力等，他們的巧克力醬甚至還得過獎！這家店本身也是一間Chocolate Café，除了甜點與輕食，當然更能喝到他們自家的巧克力。週一至六營業。

9 The Design Museum

☞ 28 Shad Thames

設計博物館位於泰晤士河畔，收藏了產品、工業、平面、時尚與建築方面的經典與現代設計，是世界第一間設計博物館。而且在館內的商店可以買到很多經典原創設計。2007年，《The Times》報將Design Museum列為年度世界最佳五大博物館的第二名。

10 London Bridge

☞ King William Street

橫跨泰晤士河的London Bridge，就是赫赫有名的童謠「倫敦大橋倒下來」的主角，在1729年時是泰晤士河下游唯一的一座橋。1973年重新以鋼骨水泥構造取代了19世紀的石造橋。

siddhu2020

11 Fashion and textile museum

☞ 83 Bermondsey Street

收藏了無數現代時尚、織品與珠寶的時尚與織品博物館，由英國設計師Zandra Rhodes 創辦。這裡也提供一些服飾相關資料與課程。

Dan Bock

12 Old Operating Theatre

☞ 9 Saint Thomas Street

這是個很奇特的博物館，位於一座英國巴洛克教堂的屋頂，因當年醫院就建在教堂旁邊，所以這裡是英國最古老、在儲藏草藥木造閣樓裡的一間手術房。每年12月16日至1月5日休館。

Kevan

起司 ❶ Cheese

果醬 ❷ Jam

蔬果 ❸ Fruit&Veg

巧克力醬 Chocolate Syrup

13 Southwark Cathedral

☞ London Bridge

南華大教堂位於泰晤士河南岸與Borough Market的北方。雖然這座教堂是直到1905年才以13世紀歌德風興建，但這個地方在過去超過一千年都是基督教的禮拜堂。

Dan Bock

ell brown

1

20

East Street Market

東街市集

你好像認識他們很久了

☞在Walworth Road與Dawes Street之間的East Street

㊀ Elephant & Castle站（Northern Line與Bakerloo Line）

☀ 日常生活市集
週二至五0830—17:00
週六08:00—18:30
週日08:00—14:00

2

3

1從這個拱形招牌開始，即將走入一個非洲市集的世界。2新鮮蔬果都非常便宜。3髮飾多得不得了。款式都有一點點誇張。4這裡總是充滿一種生氣盎然的感覺。5許多便宜的二手衣都在路邊賣。

來到這個堪稱「非洲市集」的日常市集，彷彿走進非洲或加勒比海的廚房。當時在16世紀時，農夫在運送家畜至都市販售之前，都會先將東西安置在此；1880年開始，East Street Market正式成立，成為倫敦最古老、占地面積最大、最繁忙的市集之一。

默劇大師卓別林年輕時是這裡的常客。我穿梭在一個個攤位時，想著自己是否也剛與未來某一位大師擦肩而過。週日的時候，超過250個攤位全部擠在這條狹長的街道上，各式各樣的商品，從生鮮蔬果、甜點糕餅、非洲服飾與布料、五顏六色的廉價珠寶、化妝品、CD和DVD、玩具等，你甚至可以買到清潔劑！

許多攤位販賣樹薯或地瓜葉，加上燻梭子魚與辣椒——都是西非一道知名紅色辣湯飯的主要食材。這裡也有迦納與奈及利亞名菜Foufou的材料，附近還有很多Halal肉品店（「Halal」指按伊斯蘭教律法屠宰牲畜），比倫敦市中心的價格便宜很

4

多。蔬菜水果的價格幾乎是一般超市的1/3，而且總是一盆一盆地賣，大約3公斤那種實在的份量。如果想做非洲菜，附近也有商店販賣各種非洲料理專用的鍋子與平底鍋。這邊的衣服很便宜，有點像英國版的五分埔。

攤販都非常友善，而且好像認識你很久了一樣。如果你發現自己總是被喚為「Love」、「Darling」、「Sweetheart」，不用太害羞，這就是East Street Market。

5

FOOD
必嚐美食

SPOT
附近景點

市集附近充滿生活感的街區。

1 中式攤販

☞ East Street Market

這間像餐車一樣的攤販專賣亞洲食物，大多為中式、新加坡與馬來西亞口味。通常位於市集的中段位置，價格合理。我點了新加坡雞肉炒飯，滿滿一盒，外帶盒的蓋子差點蓋不起來。坐在路邊吃超幸福。

2 Cinema Museum

☞ The Masters House, 2 Dugard Way, Renfrew Road

電影博物館是由知名電影人Ronald Grant與Martin Humphries於1986年成立，館內展品正是他們兩人從1890年代至今的電影相關器材與私人收藏，前往參觀需事先預約。

3 Cuming Museum

☞ Old Walworth Town Hall, 151 Walworth

內有3間藝廊，介紹超過100年有關Cuming家庭的社會演變與文化。展館裡的收藏全由Henry Syer Cuming捐贈，在考古學與文化人類學上占有重要地位。

4 Imperial War Museum

☞ Lambeth Road

建於1917年第一次世界大戰期間，館內擁有大量的個人與官方文獻、藝術收藏、影片與照片以及相關圖書館，幫助民眾瞭解現代戰爭的歷史意義以及戰爭時期的社會狀態。

ⓒⓘ graziano88

Must Buy!

布料
Cloth

21

1

Finnish Fair Church Guild Christmas Market

芬蘭義賣教堂工會聖誕節市集

一嘗童話聖誕的滋味

☞ Finnish Church, 33 Albion St
⊜ Canada Water站或Bermondsey站（Jubilee Line）
☀ 只於聖誕節前的某段時間舉行，日期公布於網站上：
聖誕市集 週三至五 中午—20:00
週六、日10:00—18:00

2

1 原來在倫敦有這麼一個芬蘭社區。2 來自芬蘭的餅乾。3 泰晤士河在旁邊。4 如果找不到這間教堂，記得抬頭找這面旗子。5 市集入口在此。

每到11月，倫敦各地總會出現好幾個充滿過節氣氛的聖誕市集，不過真正的聖誕老人可是住在芬蘭北部的，因此，芬蘭人的聖誕市集可不該錯過。

這裡不太好找，從地鐵站出來之後，附近都是住宅區，所以也沒什麼好擔心的。雖然要入場費，但非常便宜。每年這個現代的芬蘭教堂裡都會舉行聖誕市集，這一區應該有許多芬蘭籍移民。

一樓主要是進口的芬蘭商品，來自芬蘭的餅乾糖果、美麗的聖誕飾品，以及進口裸麥黑麵包、醃漬鮭魚（芬蘭文「gravadlax」，以鹽、胡椒、小茴香與酒醃製）、芬蘭經典巧克力Fazer。另外還有一種奇特的凝乳，英文叫做「squeaky cheese」，因為吃的時候會發出像咬橡皮的吱吱聲，是熟成起司的前身，最適合搭配黃莓（cloudberry）果醬。

還有一區專賣姆咪（muumi）的周邊商品，許多年輕媽媽推著娃娃車或帶著小朋友來，經過令人眼花繚亂的條狀巧克力區時，更是抓著每種巧克力往購物車裡丟，購物車裡還有各式餅乾，多到像是為了儲存一年的份量。我當然也被誘惑地拿了幾條。

3

4

現場還賣有燉麋鹿肉，以及一種很大的豬肉香腸加芥末與醃黃瓜，最芬蘭的吃法是搭配Lapin Kulta啤酒或Karhu啤酒（標籤是一隻熊）。

樓上是小小的手工市集，有首飾、圍巾、包包、手繪錢包、明信片與家飾品等，非常溫暖的質感。我與一位設計圍巾的媽媽聊天，談話充滿了童話感。也許這就是芬蘭的風格。

5

1 Simplicity

☞ 1 Tunnel Road

英式料理如碳烤迷迭香大蒜豬排、馬鈴薯泥、奶油高麗菜與肉醬或自製鮭魚餅加沙拉與荷蘭醬。所有食材皆來自當地，在 London's Local Food Hero awards深獲好評。因為隱身巷弄內，有點像是私房餐廳的味道。菜單依季節調整。

2 Southwark Park

☞ Gomm Road

佔地63公頃的美麗公園，曾贏得The Green Flag獎。擁有一座可划船的湖，光是在這裡欣賞各種水鳥的飛舞就令人充滿平靜。這裡擁有許多倫敦少見的植物種類，另外也有許多運動設備以及一座藝廊與咖啡館。

3 Brunel Museum

☞ Railway Avenue Rotherhithe Road

位於Brunel Engine House（引擎房）裡，而這間引擎房則是Sir Marc Isambard Brunel為泰晤士河地下隧道（1825至1843年）建造的一部分，幫助隧道中的蒸汽幫浦排水。博物館內介紹這個世界第一條位於河流下方的隧道。週二博物館開放至晚上，而附設的咖啡館則是義大利之夜，提供義大利紅酒與啤酒。

4 London Bubble Theatre Company

☞ 5 Elephant Lane

於1972年成立，每星期都有許多有關劇場與說故事技巧的活動，提供民眾更直接參與劇場表演的機會。不管你之前是否擁有任何舞台表演的經驗，都可在這裡大膽嘗試。

1

2

3

4

聖誕卡片 ❶
Christmas Cards

聖誕飾品 ❷
Christmas Decorations

芬蘭巧克力 ❸
Finnish Chocolate

芬蘭手工飾品 ❹
Finnish Arts And Crafts

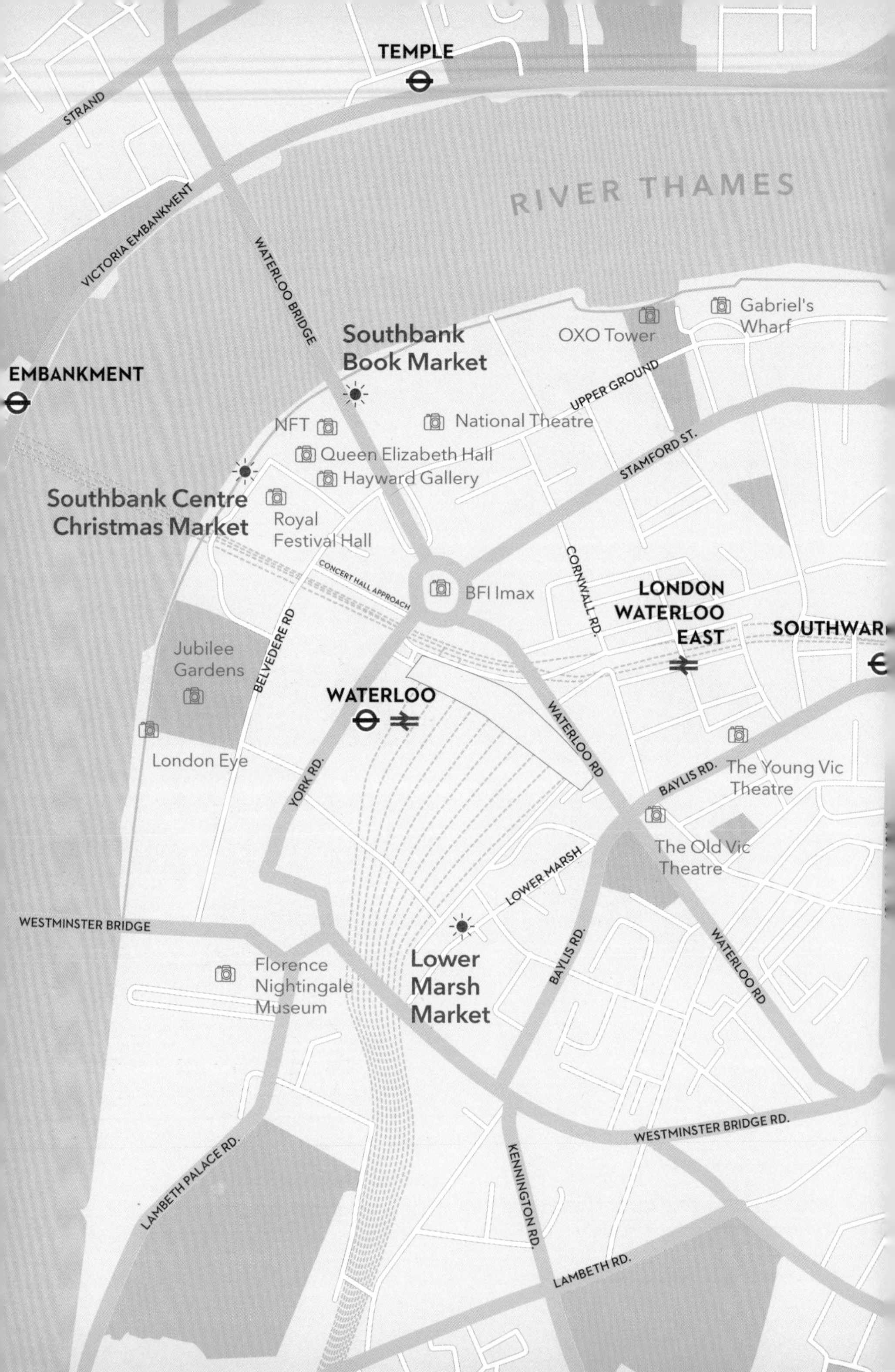
TEMPLE
STRAND
RIVER THAMES
VICTORIA EMBANKMENT
WATERLOO BRIDGE
EMBANKMENT
Southbank Book Market
OXO Tower
Gabriel's Wharf
UPPER GROUND
NFT
National Theatre
Queen Elizabeth Hall
Hayward Gallery
STAMFORD ST.
Southbank Centre Christmas Market
Royal Festival Hall
CONCERT HALL APPROACH
BFI Imax
CORNWALL RD.
LONDON WATERLOO EAST
SOUTHWAR
Jubilee Gardens
BELVEDERE RD
WATERLOO
London Eye
YORK RD.
WATERLOO RD
BAYLIS RD.
The Young Vic Theatre
The Old Vic Theatre
LOWER MARSH
WESTMINSTER BRIDGE
Lower Marsh Market
Florence Nightingale Museum
BAYLIS RD.
WATERLOO RD
WESTMINSTER BRIDGE RD.
LAMBETH PALACE RD.
KENNINGTON RD.
LAMBETH RD.

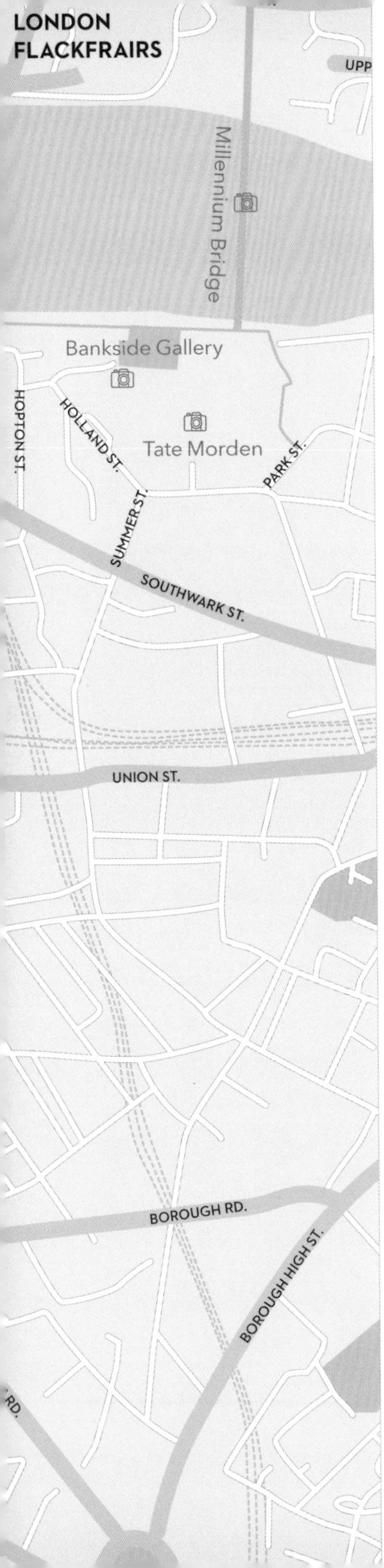

LONDON
FLACKFRAIRS

UPP
Millennium Bridge
Bankside Gallery
HOPTON ST.
HOLLAND ST.
Tate Morden
PARK ST.
SUMMER ST.
SOUTHWARK ST.
UNION ST.
BOROUGH RD.
BOROUGH HIGH ST.
RD.

地區簡介

Waterloo

滑鐵盧

談到滑鐵盧就一定要介紹滑鐵盧車站。這裡是鐵路以及Jubilee Line、Bakerloo Line與Northern Line三條地鐵交會的車站，每天早上你可以想像上百萬的通勤流量湧入倫敦，然後傍晚開始這些人又從倫敦回流至這。原本是個幾近荒廢倉庫區的South Bank，隨著許多劇院、音樂廳與藝廊的進駐，如今這裡儼然成為倫敦新興的文化藝術殿堂。沿著河岸，是一條藝文之路，包括莎士比亞環球劇場和泰特美術館新館等，為這裡添增不少悠閒的知性氛圍。夜晚的泰晤士河，很適合搭配聽音樂會之前的心情。

市集　地鐵　景點

1倫敦泰晤士河南岸是倫敦新興的藝文區域，有許多藝廊、博物館和表演廳等，沿著河堤步道可以一路散步到許多有趣的景點。2這些書滿滿地排在長條桌上，無論晴雨。

22

Southbank Book Market

南岸書市
日常的小喜悅

☞ 在Waterloo Bridge下面，National Film Theatre前面的河邊步道
⊜ Waterloo站（Jubilee Line、Northern Line與Bakerloo Line）
☀ 書市 11:00—19:00

沿著泰晤士河畔，一直走到Waterloo Bridge，Southbank Book Market就位於橋下，Queen's Walk和Riverside Café的外面，是英國南部唯一位於戶外的二手古董書市。

老實說，我剛看到這個市集時有點失望，它非常非常非常小，只有老闆一人顧著攤位，總共三張長長的木頭桌子，放了一排排的書，用簡單的隔板夾在書之間，分出了經典小說、科幻小說、非小說、古董書和少量的漫畫，還有一些描繪倫敦當年景致與建築的古老素描畫。我原本期望會是那種書多到沒地方放，而到處塞在紙箱中供人挖寶的景象。

然而當我一本一本瀏覽著書背，才驚訝在此可以找到多少已經少見、值得珍藏的書，而且老闆也不會沒事在你背後旁邊繞來繞去，或嫌你站在這裡把書看完；他就靠在橋邊，自己看著書。我非常喜歡那種不太計較賺錢這回事的人，於是在書堆中發現並買下幾本找了很久的書之後，很高興自己沒辜負這個書市存在的美意。

這裡最適合午後悠閒的戶外閱讀時光，加上旁邊就有Riverside Café、National Theatre Espresso Bar以及在Royal Festival Hall裡的Aroma Coffee Bar，你可以搭配咖啡，坐著享受從書市帶回的戰利品。這正是日常的小喜悅。

2

Country Life
Sandhurst
The Royal Military Academy
Mozart
Michael
The Bible Code
Drosnin
Beachcomber
The Works of
J.B. Morton
Edited by Richard Ingrams
H. E. Bates
Fair Stood the Wind for France
The Origin of the Universe
John D. Barrow
In the Age of the Smart Machine
The Progressive Dilemma
Coarse Fishing
Grumpy Old Men

FOOD
必嚐美食

1 National Theatre Espresso Bar

☞ National Theatre

位於Theatre Square，轉角的位置有著開闊的賞河視野。除了很棒的咖啡與有機茶，另外還有紅白酒與啤酒。來這裡看表演的話，開演前可以先喝杯有風景的咖啡。

2 Gabriel's Wharf

☞ 56 Upper Ground

雖然離市集還有一點距離，但是Gabriel's Wharf有很多提供三明治、可麗餅、披薩的餐廳與cafe。就沿著河岸走，慢慢散步過去，然後試試曾得獎的Gourmet Pizza Co.做的披薩以及Pieminister的派。

SPOT
附近景點

3 National Film Theatre

☞ Belvedere Road, The South Bank Centre

國家電影劇院，又被稱為BFI Southbank（British Film Institute Southbank），1933年成立，是一間專門播放經典或獨立電影的戲院，經常規劃各種影展，位於Waterloo Bridge的南端。

4 Hayward Gallery

☞ Belvedere Road, The South Bank Centre

是世界上唯一一間屬於野獸派建築風格的藝廊，曾經舉行過Antony Gormley、Dan Flavin、Roy Lichtenstein等藝術家的作品，是世界上展出原創實驗藝術作品歷史最悠久的藝廊。

5 Royal Festival Hall & Queen Elizabeth Hall

☞ Belvedere Road, The South Bank Centre

Queen Elizabeth Hall（QEH）是倫敦知名的音樂廳，每天都會舉行古典音樂、爵士、前衛音樂表演。而位於旁邊的Royal Festival Hall則是1951年為了Festival of Britain而建。

gavnosis

6 Jubilee Gardens

☞ 3 Belvedere Road

擁有很大一片草地的花園，地點就位於London Eye與泰晤士河的旁邊。1977年為了紀念Silver Jubilee皇后而建。天氣好時，是揮霍時間的好地方。

runekrem

二手書 ……… 1 2
Second-hand Books

建築素描畫
Architectural Sketches

FRANCIS

Tate Morden

23

Southbank Centre Christmas Market

南岸中心聖誕市集

河畔的德國聖誕

☞ River Thames河邊，位於Southbank Centre與London Eye之間，Belvedere Road
⊜ Waterloo站（Jubilee Line、Northern Line與Bakerloo Line）
☀ 耶誕市集 週一至四11:00—20:00
週五、六10:00—22:00
週日11:00—20:00
⊕ ticketing.southbankcentre.co.uk/christmas-2010/markets

1

2

1一個個木製小屋都有著屬於自己的創意商品。2巧克力蘋果糖葫蘆攤位，也賣聖誕薑餅。3沿著泰晤士河南岸道散步，人們可以一邊逛市集，一邊賞美景。

這是個標準的德國風格聖誕市集，大約有60個木製小屋，各種原創的手工藝品從錫製玩具、聖誕玻璃吊飾、蕾絲、香皂、皮件、蠟燭到陶瓷與金屬飾品，在一個個攤位小屋裡布置得滿滿的。

儘管有人說聖誕節跟情人節一樣，是商人想出來賺錢的。但我覺得人們喜歡聖誕節的原因絕對大過於此：我們需要以一種方式向在乎的人表達，而一個公定節日是多麼委婉又精巧的理由。

於是我看見市集裡來往的人潮，大家的心情都是愉悅的，每個攤位都可能成為他們為心愛的人挑選的驚喜。他們認真地看著每樣東西的特色，是選這一個？還是那一個呢？Southbank Centre Christmas Market的中間還有一座旋轉木馬，讓帶著小朋友的爸爸媽媽可以暫時鬆口氣，順便品嚐旁邊攤子上的德國美食與飲品：傳統德國香腸Bratwurst與德國風格的熱香料酒Glühwein；而心形薑餅與烘烤過的杏仁總是能解冬日嘴饞。

每年的Southbank Centre Christmas Market舉行時間略有不同，不過大都從11月中旬開始，為期一個多月至12月24日為止。我來回逛了好幾遍，手上拿著剛買的東西慢慢地邊走邊吃，或者停在攤位前仔細欣賞一個個手工藝品，與攤販聊聊天。現場總是飄揚著聖誕音樂，晚上聖誕燈覆蓋著河畔的整個市集，真美。

FOOD
必嚐美食

1 巧克力蘋果攤

☞ Southbank Center

這裡賣的就是那種外面沾了一層巧克力脆皮的蘋果糖葫蘆，裡面是青蘋果，還有焦糖、白巧克力、碎核桃等口味。像是戀愛中會向男友撒嬌買的甜點。

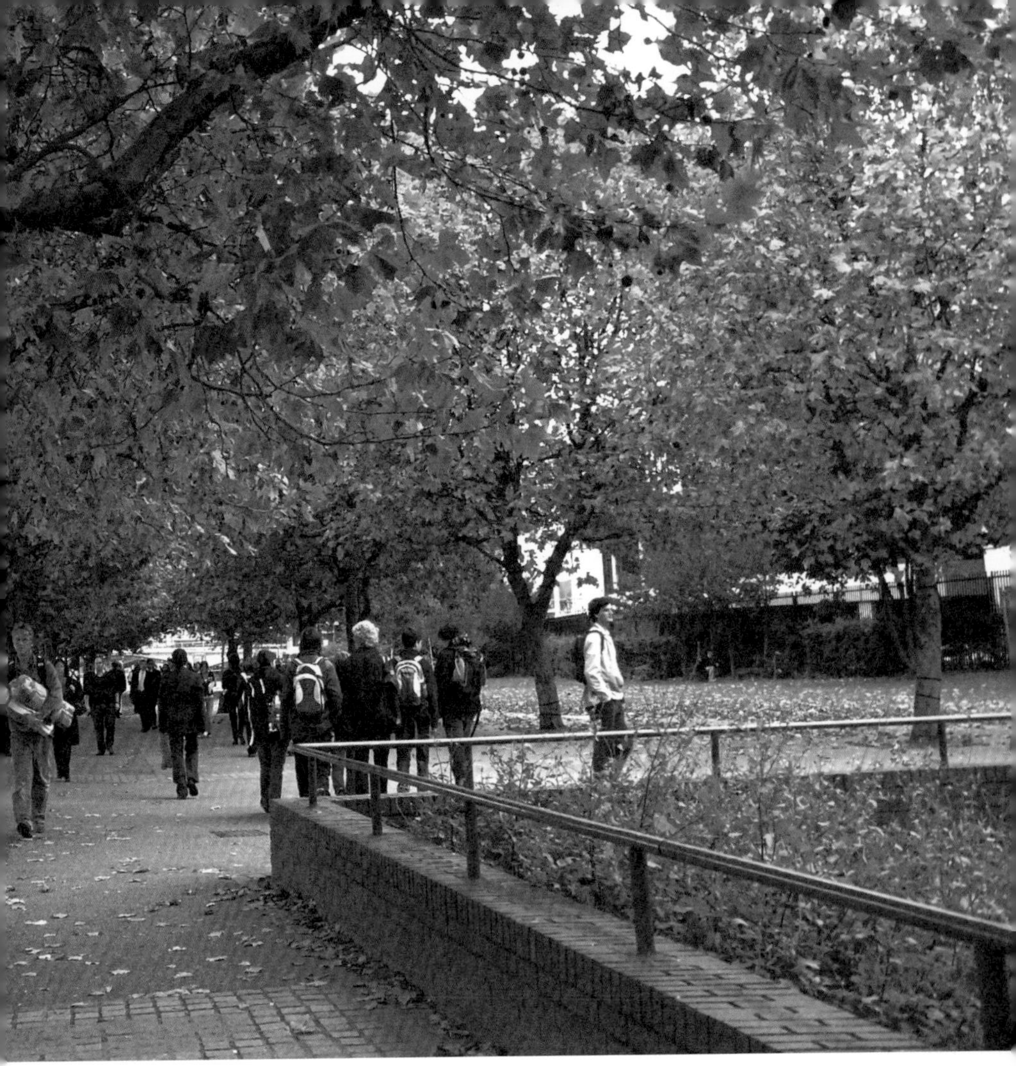

Must Buy!

各式裝飾帽 …… 1
Decorative Hats

軟焦糖 …………… 2
Fudge

聖誕糖果 ………… 3
Christmas Candies

手工玩具
Handmade Toies

1

2

3

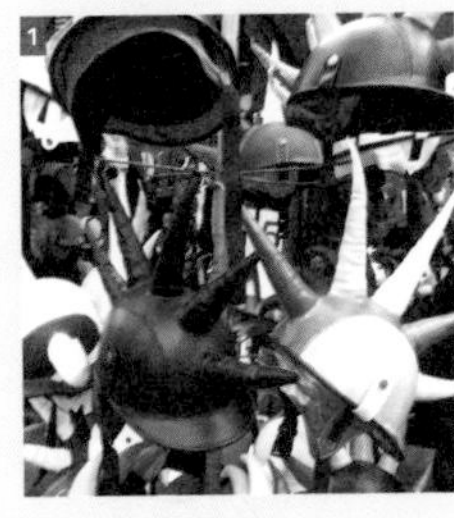

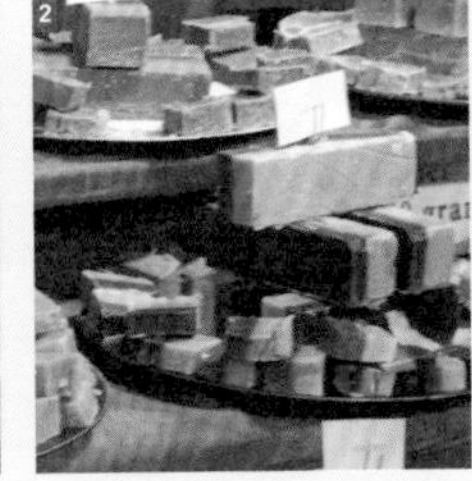

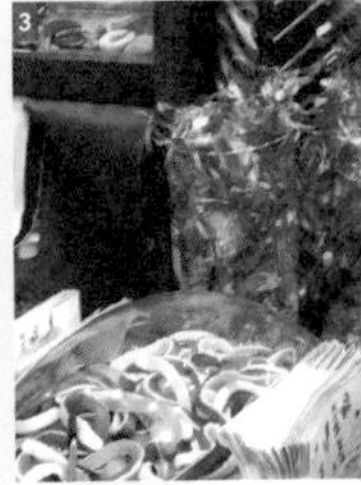

1

1這是市集的第一攤，賣著非常綿密的起司。2市集裡的房子許多都保留了喬治王朝的風格。3可以沿街一攤一攤地試吃喔。

24

Lower Marsh Market

下游沼澤地市集
對18世紀的小小留戀

☞ 在Westminster Bridge Road與Baylis Road中間的Lower Marsh
㊀ Waterloo站（Northern Line、Bakerloo Line和City Line）
Lambeth North站（Bakerloo Line）
☀ 生活美食市集 週一至五09:00—14:00
⊕ www.lower-marsh.co.uk

在18世紀以前，Lower Marsh附近幾乎都是一片濕地，後來抽乾了水，Lower Marsh成了倫敦滑鐵盧區的一條街。

這裡經常是拍電影的場景，例如最近安．海瑟威主演的〈真愛挑日子〉，另外英國攝影師Ion Paciu的街道素人攝影計畫「People I Didn't Know」，也常在這裡取材。顯然這裡有種孕育故事的魔力，還是18世紀的氛圍帶著未抽盡的濕氣仍偷偷藏留在路上的每塊石磚之下？

這個位於Waterloo Station南方、19世紀時期的市集，堪稱當時的商業中心。雖然後來因為戰爭的緣故遭到破壞，但仍保留一些18世紀喬治王朝的建築風格，如側面進入的前門與通道、角落旋轉而上的階梯等。

不論是服飾、古董與美食生鮮蔬果，這裡都有，尤其是路邊的攤販，從他們大方邀請你試吃的態度，就知道他們對自己手藝的信心。其中綠咖哩雞飯以及燉牛肉真是讓人難以抉擇，我完全不顧形象地站在攤位前面許久，好像在決定投哪個政黨一樣的嚴肅。雖然有得吃有得買，但因為市集不大，兩旁的商店反而能使你停留更久。這裡還能找到許多復古二手衣店，會讓人想一再回來尋寶。

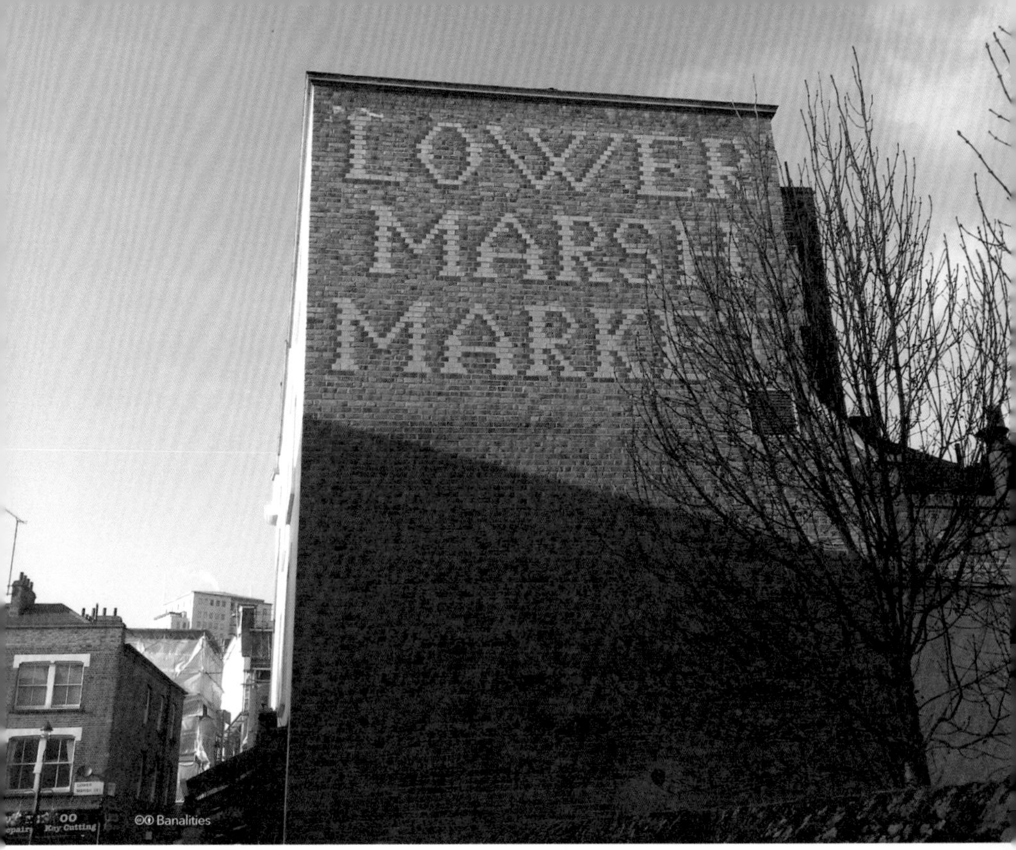
LOWER
Key Cutting
Banalities

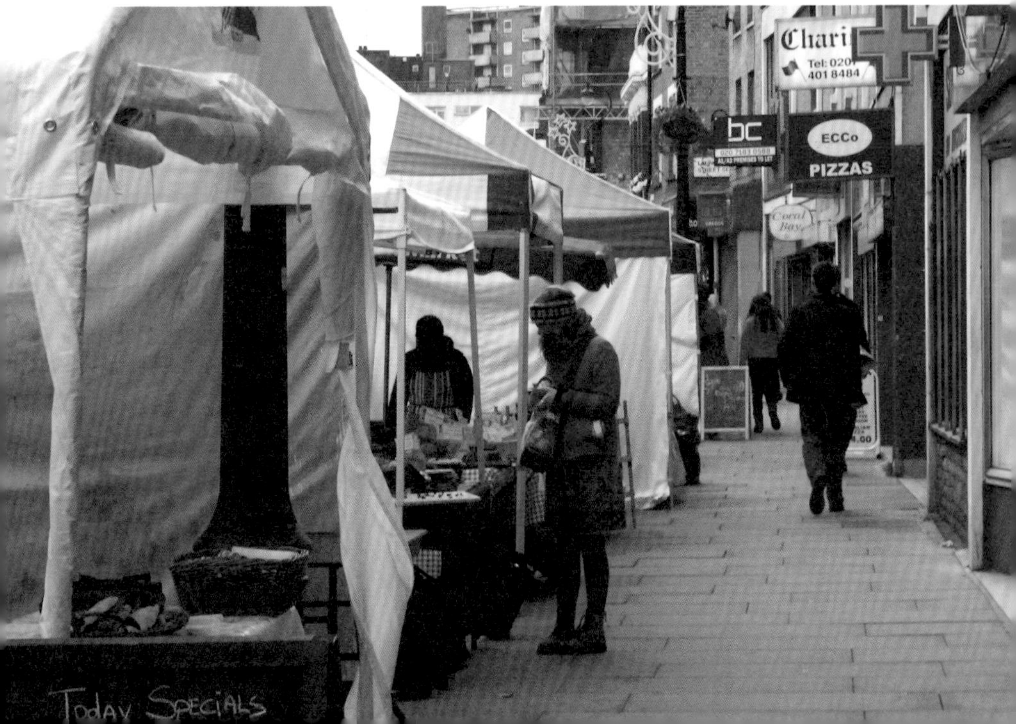
Chari
Tel: 0207
401 8484
bc
ECCo
PIZZAS
Coral Bay
Today Specials

SHOP
精選好店

1 What The Butler Wore
☞ 131 Lower Marsh

©①⊚ ATVFOTO

一間復古衣精品店，有著各種50至70年代的女裝。店面比較小，但挑選的系列很精緻，有種成熟女人的可愛。

2 Radio Days
☞ 87 Lower Marsh

從1993年開始營業的復古精品店，擁有從20至80年代狀況良好的男女復古二手衣、配件、家具家飾等。店裡的老音樂像是從點唱機裡播出一樣，店員用最老派的吸塵器，搭著音樂吹口哨一邊吸地毯，同時輕鬆地跟我打了招呼。我花了很久的時間挑了一付淑女時代的短手套。在這裡，你可以慢慢享受時光。

FOOD
必嚐美食

3 Coopers Natural Foods
☞ 17 Lower Marsh

一間不大的有機健康食品店兼Café，週一至五，從早上8:30至下午4:00左右就關了。賣的商品包括藥草療方、有機茶、健康食物、穀片、果醬、米果與各種口味的Nairns燕麥餅等。café大部分提供素食，有捲餅、法式鹹派、現烤麵包（推薦杏仁可頌）與沙拉。可以外帶，也可以坐在跟整個店面一樣長的長桌慢慢享受。

4 Marie's Cafe
☞ 90 Lower Marsh

從早上7點半就開始營業直到晚上10點半，這個小小的咖啡館是我見過最會充分利用空間的餐廳：白天賣各種傳統英式餐點及三明治，晚上則變成泰國菜，兩種都吸引了大票的忠實顧客。週日不營業。

5 Cubana

☞ 48 Lower Marsh

時髦悠閒而且不貴的古巴餐廳／酒吧，提供各種傳統古巴料理，還有足夠與人分享的tapas盤。中午去享用西班牙辣香腸可樂餅（the chrozo croquettes)與中東袋餅（falafel）是最划算的，或是晚一點叫一杯用新鮮的水果搾汁調製的雞尾酒。

SPOT
附近景點

6 Young Vic Theatre

☞ 66 The Cut

這間分別於2004年與2008年得到Laurence Olivier Award的劇場，提供了新秀導演與演員一個絕佳的舞台，此外豐富且變化多端的舞台與劇場設計，讓觀眾每次都像來到一個截然不同的劇場。

7 Old Vic Theatre

☞ 103 The Cut

建造於1818年，1940年遭逢毀壞，直到1951年才重新開幕，並被列為二級古蹟。這間194歲的劇院仍舊演出許多精采的劇碼。2010年在滑鐵盧車站的地下以倫敦鐵路局的隧道改成新的表演場地「Old Vic Tunnels」，2011年獲得Big Society Award。

8 Florence Nightingale Museum

☞ 2 Lambeth Palace Road

這一間位於St Thomas' Hospital的博物館，隔著泰晤士河遙望Palace of Westminster，這裡專門介紹南丁格爾這位讓護士被世人尊敬的偉大女性，相當值得一看。

復古飾品 ………… 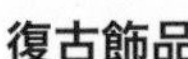 1
Vintage Accesories

復古二手衣 ……  2 3
Vintage Clothes

1

2

3

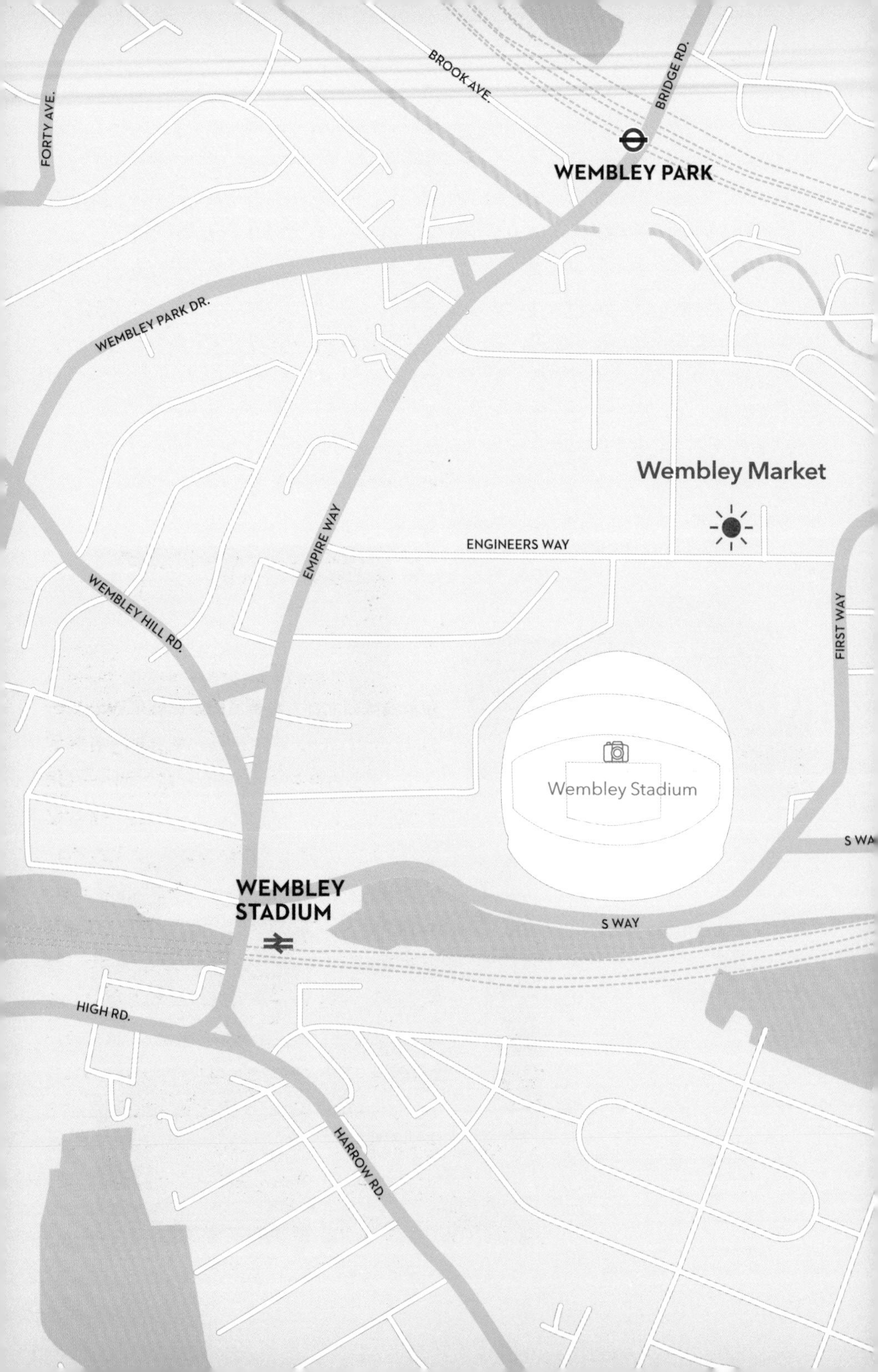
FORTY AVE.
BROOK AVE.
BRIDGE RD.
WEMBLEY PARK
WEMBLEY PARK DR.
Wembley Market
ENGINEERS WAY
EMPIRE WAY
WEMBLEY HILL RD.
FIRST WAY
Wembley Stadium
S WA
WEMBLEY
STADIUM
S WAY
HIGH RD.
HARROW RD.

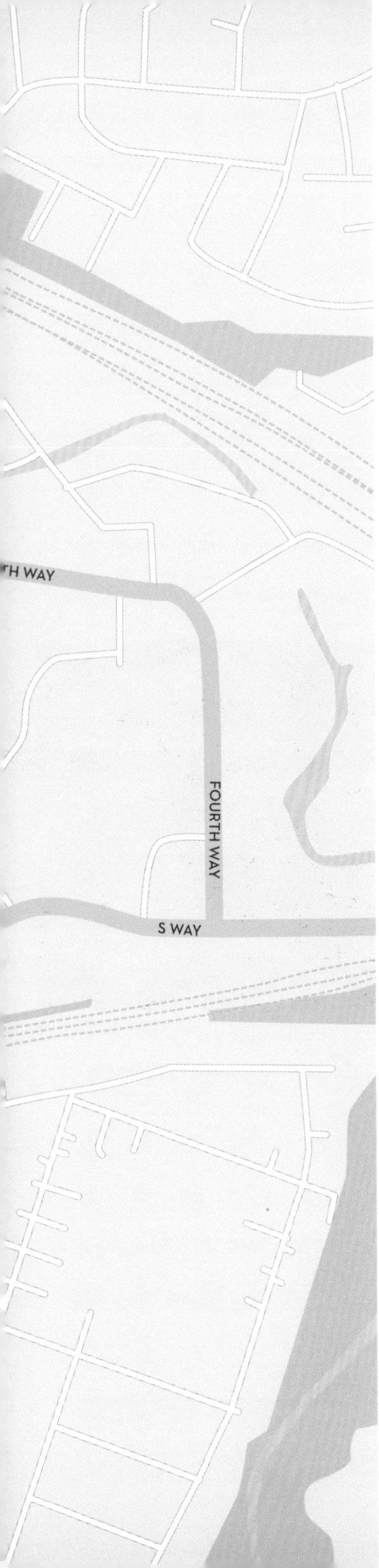

地區簡介

Wembley

溫布里

位於倫敦西北部，最著名的景點就是Wembley Stadium與Wembley Arena。Wembley名字的由來，是由古英文的「Wemba」加上代表一片綠地的「Lea」而成，當時這裡除了山丘上一些村落之外，其他地方都是未開發的樹林，甚至到1547年，這裡也只有6戶人家。直到1923年4月，Wembley Stadium因為英格蘭足總盃決賽而正式開幕，這裡成為倫敦人看比賽的主要場地。而Wembley Stadium現今的新樣貌是於2003年至2007年由London Eye建築團隊改建，耗資8億2,700萬英鎊。雖然附近發展了一些購物商場與商店，但規模都不大。除了Wembley Stadium，這裡就只屬Wembley Market能吸引人潮了。在我眼中，Wembley其實只是一個可愛的純樸小鎮。

市集  地鐵 景點

25

1

1這裡有許多黑人大哥自己編選的CD，有的還跟著音樂邊唱邊跳舞，hi翻了。2行李箱，10英鎊！3整片黑壓壓的都是人，這是附近居民沒事買點小東西的補給品站。4明明大家都穿的一身黑，但是市集裡賣的大人與小孩的衣服都鮮豔無比。

Wembley Market

溫布里市集

聽得到夫妻吵架、小女孩對媽媽說我愛妳的超級生活市集

☞ Olympic Way與First Way之間的停車場（Wembley Stadium北側）
⊜ Wembley Park站（Metropolitan Line）
☀ 日常生活市集 週日09:00—16:00 ⊕ www.wembleymarket.co.uk

這是我唯一介紹超過zone1的市集，但其實沒多遠，僅位於倫敦西北方的Zone2第1站，交通相當方便。從地鐵站出來，正對著的就是Wembley Stadium，市集就在前面的停車場。

沿路可以看到許多人往市集的方向走，所以絕不會迷路。當然，你也會看到許多一家大小提著各種袋子心滿意足地從那個方向走出來，顯然這裡是一個大人小孩都可以找到寶的地方。

這裡是英國最大的週日市集（聽說也是全歐洲最大的），超過500個攤位，一條又一條地排列彷彿走不完。這裡總是人擠人，但幾乎都不是觀光客，而是非洲裔、阿富汗裔與印度人販賣或選購各種蔬果與生活用品。這裡是另一種倫敦的生活集錦，你可以聽到孩子在攤位前說：「媽媽可以買這個給我嗎？」也有媽媽生氣地對爸爸說：「你們每個人都買了，我卻還沒買到我要的！」

2

10英鎊的行李箱到處是，還有5英鎊的衣服與15英鎊的靴子。手機套、皮包、花、水果、化妝品、衣服、手錶等，到處還有烤得冒煙的印度食物。許多黑人在這邊賣盜版CD，各種放客與饒舌舞曲都成了背景音樂。我一下子就愛上這裡了。

這裡似乎沒有廁所，此外，來這裡一定要小心包包，感覺總有人會盯上觀光客，尤其是亞洲女孩。

3

4

FOOD
必嚐美食

1 各個印度攤位

☞ Wembley Market

你還沒靠近，就已經聞到這些印度美食的香氣了。幾乎每個攤位都有賣Chicken Tikka Roll與Chicken Tikka Wrap，但又各有些其他美食。很難說到底要選哪個攤位，就每種都嚐嚐看吧！

Kai Hendry

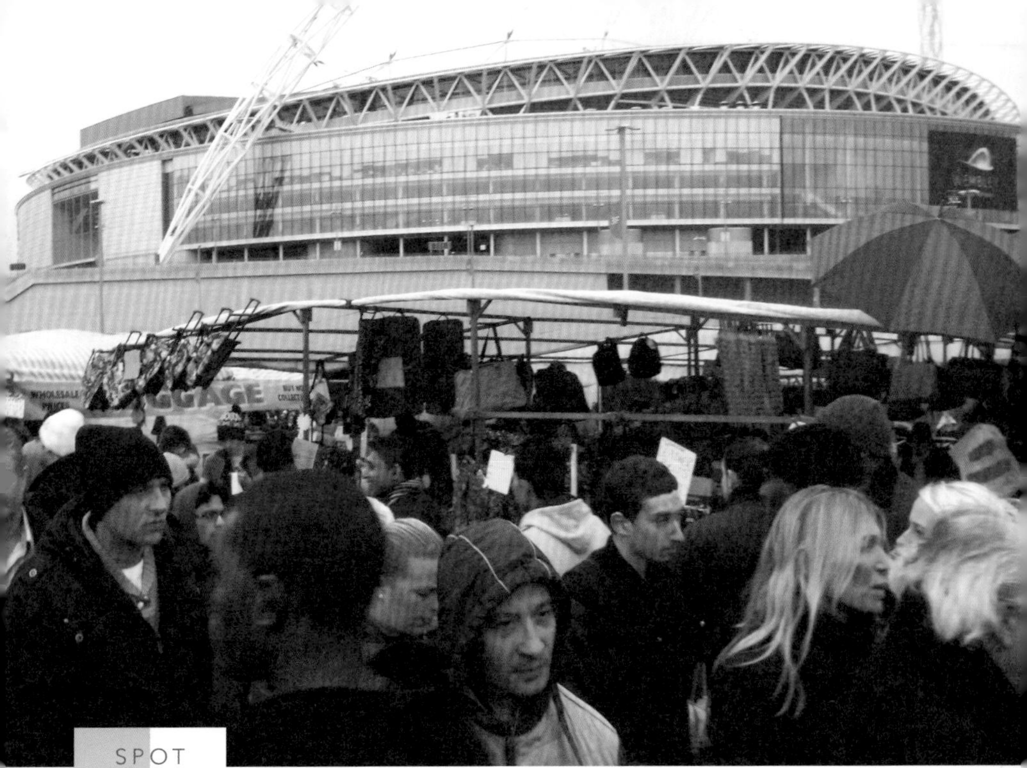

SPOT
附近景點

2 Wembley Stadium
☞ Empire Way

這裡是舉行英國足球賽的主要場地，有時也有大型的演唱會在這裡開唱。2012年的奧運足球冠軍賽就是在這裡舉行。晚上的Wembley Stadium在燈火裝飾下很有設計感。

Must Buy!

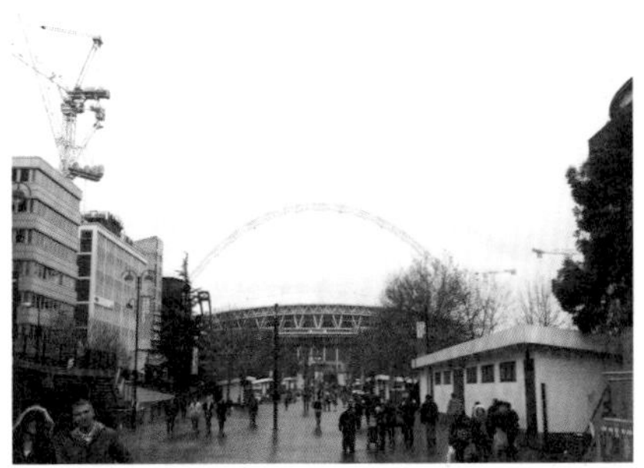

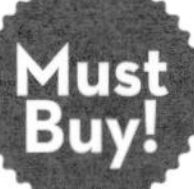

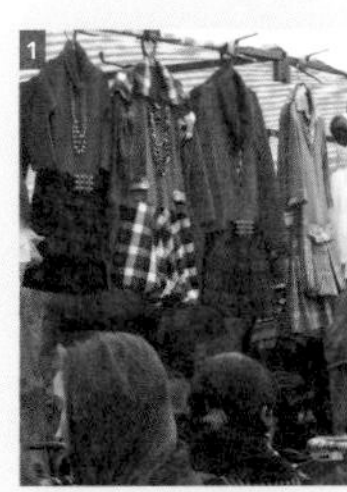

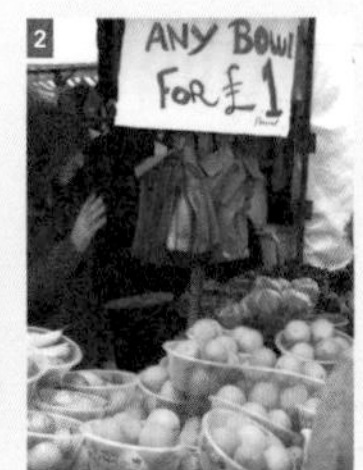

衣服 ·········· 1
Clothes

水果 ·········· 2
Fruits

音樂
CDs

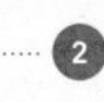

Regent's Park
Alfies Antique Market
Church Street Market
Sherlock Holmes Museum
MARYLEBONE
BAKER STREET
REGENT'S PARK
GREEN PORTLAND STREET
LISSON GROVE
MARYLEBONE RD.
EDGWARE RD
WEYMOUTH ST.
PORTLAND PL.
NEW CAVENDISH ST.
PRAED ST.
SEYMOUR PL.
GLOUCESTER PL.
BAKER ST.
EDGWARE RD.
WIGMORE ST.
OXFORD CIRCUS
BOND STREET
OXFORD ST.
RAMILLIES ST.
The Photograph Gallery
MARBLE ARCH
BROOK ST.
MADDOX ST.
REGENT ST.
BAYSWATER RD.
GROSVENOR ST.
Kensington Gardens
PARK LN
GREEN PARK
ST. JAMES'S ST.
PICCADILLY
GREENPARK
CONSTITUTION HILL
PUCKINGHAM PALACE GARDENS
Puckingham Palace
VICTORIA
LONDON VICTORIA
VICTORIA ST.
VICTORIA
NEATHOUSE PL.
HORSEFERRY RD.
VICENT SQUARE
VAUXHALL BRIDGE RD.
TACHIBROOK ST.
JOHN ISLIP ST.
Tate Britain
MILLBANK
Tachbrook Stree Market
PIMLICO
ST. GEORGE'S DR

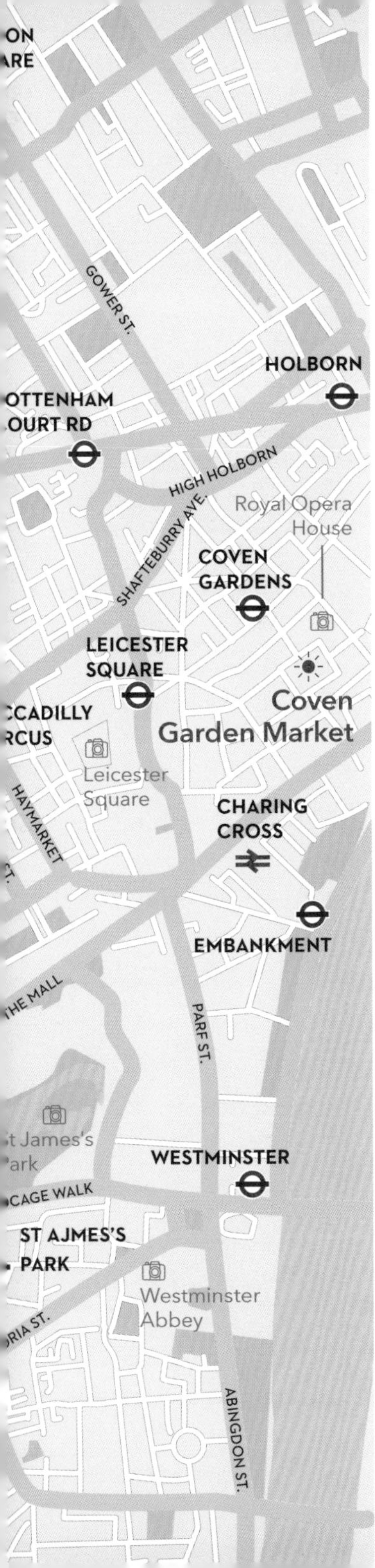

ON
ARE
GOWER ST.
HOLBORN
OTTENHAM
OURT RD
HIGH HOLBORN
SHAFTEBURRY AVE.
Royal Opera
House
COVEN
GARDENS
LEICESTER
SQUARE
CCADILLY
RCUS
Coven
Garden Market
Leicester
Square
HAYMARKET
CHARING
CROSS
EMBANKMENT
THE MALL
PARF ST.
t James's
ark
WESTMINSTER
CAGE WALK
ST AJMES'S
PARK
Westminster
Abbey
RIA ST.
ABINGDON ST.

地區簡介

Westminster
西敏市

Westminster擁有皇室加持、身為政治權力之地已經900年，國會大廈（Houses of Parliament）、白金漢宮（Buckingham Palace）、大笨鐘（Big Ben）都是不用看旅遊書也知道的必訪地標。以下這幾處旅遊景點也都出現於各大旅遊書中，遊覽時可參考以下重點特色：

泰德英國館（Tate Britain）
一年一度的藝術盛事，展出泰納藝術獎入圍作品的特展（Turner Prize collection）。

倫敦水族館（London Aquarium）
那些長相詭異的魚能讓你重拾童稚之心。

西敏寺（Westminster Abbey）
在聖誕節聆聽他們的唱詩班。

聖詹姆士公園（St James' Park）
風和日麗的午後在此散步。

1

2

3

4

1艾比路錄音室吸引了無數披頭四的歌迷前來朝聖。2攝政公園裡的瑪麗皇后花園。3．4．5阿飛古董市集。

Alfies Antique Market

阿飛古董市集

令人分神幻想的時光之旅

☞ 13-25 Church Street, Marylebone
Ⓜ Marylebone站（Bakerloo Line）
Edgware Road站（Metropolitan Line、Bakerloo Line、Circle Line與District Lin）
☀ 古董市集 週二至六 10:00—18:00
🌐 www.alfiesantiques.com

我已經記不得如何發現這個地方的了，只記得它不在我事先做功課的市集清單上。不知為何，這個倫敦最大的古董收藏品與現代設計的室內市集，竟然沒有出現在大部分的倫敦旅遊書中。

英國人對於古董市集的喜愛，已經到了類似追星族的程度，甚至還有電視節目專門鑑定市集裡的古董。不過不管這些古董真假如何，更吸引人的常常是它們的故事。這就是Alfies Antique Market的迷人之處，你走在其中，總是為每樣精緻又古老的東西分神幻想。

在愛德華時期這裡是一間百貨公司，後來整條Church Street逐漸沒落，這間百貨也無法倖免。直到1976年，Bennie Gray在這裡成立了Alfies Antique Market。他想必是個善感又重情的人，因為他以爵士樂手的父親為市集命名。

1988年，Alfies Market經歷了大規模的重建計畫，保留原來建築的特色與外觀，擴建成5層樓的建築，並於頂樓新開了一間餐廳。現在除了Alfies Antique Market裡將近100家的古董商之外，在

5

Church Street附近也多了10幾家各式古董店。

逛Alfies Antique Market是一次美好的時光之旅，據說這裡是許多設計大師，例如 Tom Dixon、Nina Campbell、Jasper Conran與 Kelly Hoppen的靈感來源。在這幾層樓中，你可以看到Art Deco時期的古董、銀器、家具、古書、老行李箱、珠寶、瓷器、玻璃與復古衣飾，有動不動就超過百年的手工上色風景素描，或是小巧精緻的雞尾酒杯、以及筆尖宛若藝術品的沾水鋼筆。

這裡也是許多20世紀義大利設計的寶庫，雖然我不常為大型家具動心，但穿梭在一件件只能不停讚歎的家具與燈具之間，我開始想像以長毛地毯搭配剛剛看到的那座金屬燈具，以及我該擁有的第一張扶手椅。我向像是父子的老闆要了名片，認真地詢問了運送與一些估價的流程。法國哲學家Bachelard在《空間的詩學》中曾提到，房子是夢者的庇護所；當我有了自己的房子，我希望能擁有Alfies Antique Market這種夢境。

1 The Girl can't help it

☞ Alfies Antique Market

從一樓的櫥窗就可以看到店名，以及無法抄襲的時尚風格。眼花繚亂的復古衣，每樣單品都時髦至極。這裡重現了好萊塢當年優雅華麗的風格，只收30到50年代狀況良好的二手復古衣，包括一些從沒穿過的美、法高級內衣襯裙，有些甚至還保留原來的標籤。

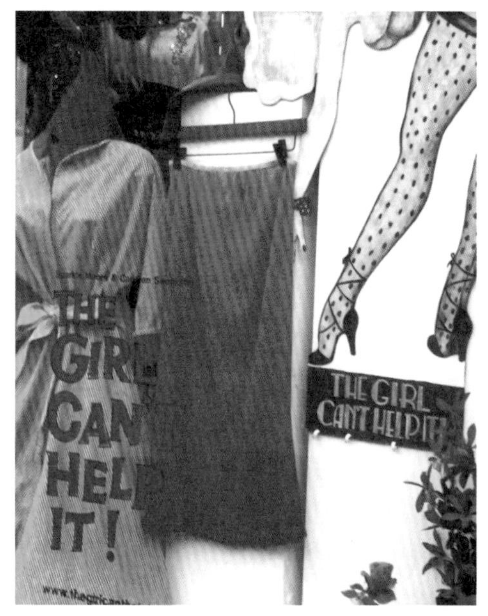

2 Vincenzo Caffarella

☞ Alfies Antique Market

開了二十幾年的義大利裝飾藝術與古董店，收藏了50至70年代的義大利燈飾、家具與藝術品，像是Gio Ponti、Arredoluce、Mazzega、Vistosi、Barovier與Toso等品牌。從1樓（GF）就可以看到店內部分燈飾，但主要展示區位於3樓。

3 素描畫店

☞ Alfies Antique Market

位於1樓某一邊的出口，專賣素描與畫作。一、兩百年的手繪上色畫一箱一箱裝著，有各種主題:鳥、花朵、風景、建築等。老闆溫和而熱情地介紹著，儘管最後沒買，他仍然會愉快地與你道別，彷彿為了有人欣賞他的收藏而純粹高興著。

4 William Campbell裱框店

☞ Unit G006/7/8

這是位於Alfies Antique Market 1樓一間小小的店面，櫥窗裡展示了許多裱框作品，還可看見兩位師傅正在裡面工作。這間彷彿工作室的裱框店從1696年就是這個樣貌，維持至今。他們的小畫框很適合搭配你剛從美術館買到的名畫明信片。

5 Alfies Rooftop Restaurant

☞ Alfies Antique Market

餐廳位於Alfies Market的頂樓，除了室內空間，還有一片戶外大陽台可供用餐。價格實惠，多種早餐一直提供至中午，週六甚至全天供應早餐。店裡有Full English Breakfast、沙拉、輕食、斯里蘭卡魚餅、牛排、漢堡等，當然也有咖啡、茶、紅白酒與甜點。

1

2

3

4

畫框 ❶
Picture Frames

古董珠寶 ❷
Vintage Jewelries

雞尾酒杯 ❸
Cocktail Glasses

燈具 ❹
Lights

沾水鋼筆
Dip Pens

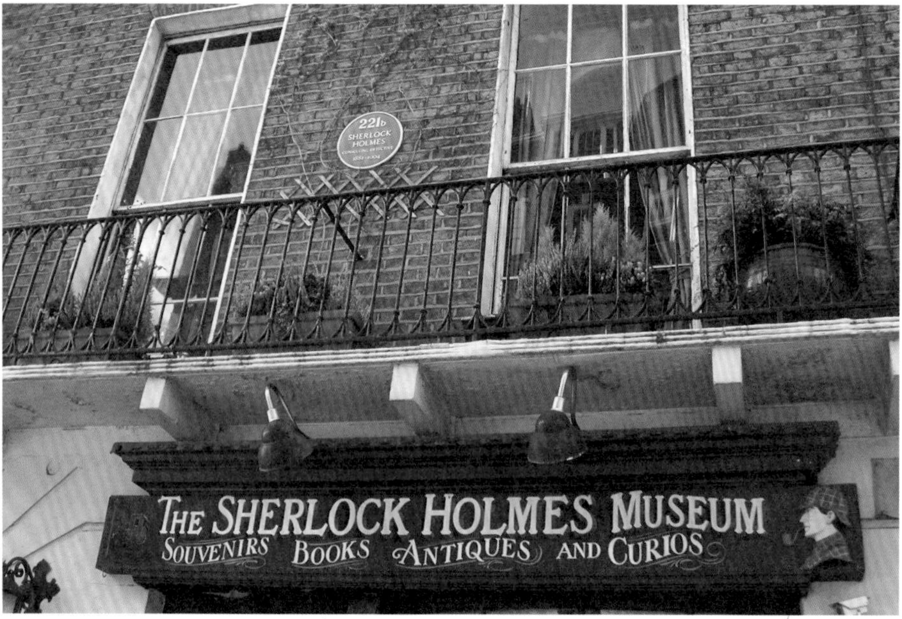

6 The Sherlock Holmes Museum

☞ 221B Baker Street

這裡是Sir Arthur Conan Doyle筆下的福爾摩斯居住的地方，因此倫敦政府特別以維多利亞時期的風格規劃了這座博物館，重現福爾摩斯一些知名案件，尤其紀念品店很值得一逛。

Ⓒⓘ Banalities

7 Church Street Market

☞ St. Johns Wood

這位於附近的日常生活市集，販賣新鮮蔬果、日常用品等，價格又非常便宜。附近還有許多咖啡館，肚子餓了就晃進其中一家吧！雖然週一至週六都開，但是最適合在熱鬧的星期六來，許多水果一籃只要一英鎊。如果是平日的早上來這裡，可以買到有機蛋糕與咖啡。

Ⓒⓘⓢ John Grayson

Ⓒⓘ Stephen McKay

Ⓒⓘ Banalities

Regant's Park

27

1

2

1、2在市集裡，有許多現場獻藝的人。3這裡的商品要挑，有的真的值得收藏，有的只是投觀光客所好。

Covent Garden Market

柯芬花園市集

就像完全符合想像的前世情人

☞ Covent Garden Piazza
Ⓢ Covent Garden站（Piccadilly Line）
☀ 週一09:00—16:00（古董）週二至日09:00—16:00（藝術品／手工藝品／紀念品）
⊕ www.coventgardenlondonuk.com/markets/page/1

我還沒接觸國外各種市集之前，最接近我想像中的市集是長這樣子的：半露天的開放式空間，光線充足，攤位的帳篷有著歐洲特有的可愛感，每個攤位都讓人捨不得離開，而且老闆還會跟你說起攤位上每樣東西的故事。

兩旁要有商店，不大，而且不是國際精品或連鎖店。每間店的特色與用心從招牌、櫥窗、門口就可感覺得出來，走進去之後也不會後悔。

中庭不時有人演奏、跳舞、變魔術，甚至演講，讓來到市集的人有了共享的回憶。到了晚上，廣場變成美食的市集，從甜點、串燒、濃湯、三明治、烤羊肉到fish & chips等各式餐點都有。聖誕節時分還可看到整個市集妝點出的美麗景象──整個市集隨著四季時間變換，生活著。

Covent Garden Market完全符合我的想像，就像前世情人。雖然與其他的市集相較之下，它為了觀光似乎發展得太過精緻，不過正像那種面面俱到的體貼，在這裡，你終於可以輕鬆享受一切。

Covent Garden Market裡的兩個市集都強烈推薦。Apple Market（左圖）較偏向手工藝與創意商品，Jubilee Market Hall（右圖）則是古董與收藏品居多。

SHOP
精選好店

1 Owen Hargreaves

☞ Apple Market

首飾十分漂亮。每隔兩、三個月，Owen Hargreaves會去遙遠的西非、中非、南非旅行，帶回這些美麗的手環、項鍊和戒指。其他還可看到一些令人震撼的非洲部落藝術、面具與雕像等，那種美真的充滿力量。

2 L'Artisan Parfumeur

☞ 13 The Market Building

是愛買香水的我目前最愛的牌子。來自法國，1976年創辦的香水品牌，充滿了令人驚歎的香味，與Michel Almairac、Evelyne Boulanger、Olivia Giacobetti等調香大師合作。即便是簡單的茉莉，都顯得更為清新。

3 Benjamin Pollock's Toyshop

☞ 44 The Market, Covent Garden Piazza

請沿著童話般的圖案走上樓梯，你就會知道除了樓下櫥窗裡的可愛卡片與玩偶，這間玩具店其實是相當嚴肅的，沒有一般玩具反斗城的商品。請想像一下整組舞台劇的吊繩木偶──這種會讓孩子記得很久很久的玩具。

4 Stanfords Bookstore

☞ 12-14 Long Acre

喜歡旅遊的人或是想寫旅遊書的人都該去瞧瞧。創辦人Edward Stanford因英國殖民時期大量增加的旅行需求，而開了全英國唯一一間地圖店。現在這間三層樓的旅遊書店，包括各種正統到搞怪的旅遊指南、地圖、旅遊文學、世界文學、旅遊相關商品。

5 Food for thought
☞ 31 Neal Street

離Covent Garden Market有點距離，但擁有「靈魂食物」頭銜的Food for thought是一定要去朝聖的。1974年開幕至今，這間每天更換菜單的素食餐廳拒絕任何加工冷凍食品或以微波方式烹飪，並以充滿色彩的中東與亞洲食物為靈感。他們還出了自己的食譜。

7 ICECREAMISTS
☞ Market Building, Covent Garden Market

這間冰淇淋店吸引我進去的是門口試吃的現做甜甜圈。整個室內是黑色與桃紅、龐克歌德又綺色的調調，絕對英倫搖滾的音樂，還有無數名字惹人心跳的冰淇淋，口味也令人驚喜，但小孩可能不宜。或者，也可以淑女地來杯熱香料紅酒。

6 Wild Food Café
☞ 14 Neal's Yard的樓上

一間獨立經營的世界素食料理店，以食物創造出簡單的美好，不精雕細琢，而是生意盎然。坐在到處堆著新鮮蔬菜食材的吧台，看著他們為你準備食物，品嚐時，能感覺自己整個身體正在好好享受著食材。這絕對是藝術。

8 Canteen

☞ Unit 5 The Piazza, Covent Garden Market

被《Good Food Guide》評選為倫敦年度最佳餐廳，《Restaurant》雜誌喻為英國最佳早餐。這家英式料理的菜單上從傳統的派到牛排都有，下午3點開始有10英鎊的特餐提供。店裡的Winter Vegetable Stew是足以撐過倫敦寒冬的一道料理。

9 London Transport Museum

☞ Covent Garden Piazza

這個地方讓我想起美國影集〈宅男行不行〉裡只要談到火車就露出微笑的科學家宅男Shelton。London Transport Museum保存了這個城市歷年來的各種交通工具，詳細描述了倫敦大眾運輸系統因人們生活與工作而產生的演變，館內也介紹了倫敦未來的交通工具，很有趣，只不過門票有點貴。

Ⓒⓘ Steve Parker

10 Sir John Soane's Museum

☞ 13 Lincoln's Inn Fields

建築師 Sir John Soane的家，為了紀念他而保留了原來的樣貌，館內並展示了他超過20,000幅建築繪圖、古董收藏，以及Turner、Canaletto與Piranesi等其他大師的作品。

11 Royal Opera House

☞ Bow Street, Covent Garden

世界上最棒的歌劇院之一，也是The Royal Ballet演出的重要場地。而其中較小的Linbury Studio Theatre與Clore Studio則經常有實驗音樂與獨立舞蹈的表演。

12 The Photographers' Gallery

☞ 16-18 Ramillies Street

這間免費參觀的現代攝影藝廊每年都吸引數十萬參觀人次。正如其名，這裡專門舉辦攝影展，藝廊的商店根本是一間小型攝影書店。藝廊裡的café則是旅人在城中最佳的休憩處。2012年5月19日配合奧運重新開幕。

上圖，改建前舊址

ⒸⓘⓈ R Sones

手工藝品 ………… 1
Arts & Crafts

古董錶 ………… 2
Antique Watches

香水 ………… 3
Perfume

THE NATIONAL GALLERY

28

Tachbrook Street Market

塔布克街市集

各式熱食是暖胃的天堂

☞ 在Warwick Way與Churton Street中間的Tachbrook Street
㊀ Pimlico站（Victoria Line）
Victoria站（Victoria Line、District Line和Circle Line）
☀ 美食市集 週一至日09:30—16:30

在19世紀，Tachbrook Street Market有著相當迷人的風采，不過現在已經逐漸縮小為小型的蔬果與美食市集，並成為附近上班族中午用餐的地方。除了週日之外，每天都開。

前往Tachbrook Street Market的馬路以圓弧狀穿越一整排的住宅，天氣好的時候，陽光會讓一側的建築多了光線造成的幾何線條，讓一路上都有值得欣賞的景。

發現Tachbrook Street Market時我心中真是充滿感激，除了每一攤都是令人垂涎的美食之外，在普遍吃著冷三明治的倫敦，這裡的各式熱食簡直是暖胃的天堂。有濃郁的中東燉肉、泰國經典街頭小吃Pad Thai、法式烤派quiche、簡單又健康的義大利麵包三明治以及清爽的日式便當等。有人說這裡只要3.5英鎊的falafel是倫敦最棒的，儘管可能需要排一下隊。不過不管哪種美食，價格都實惠得讓人感動，一旁還有幾張小桌子可以讓你坐下享用。

1

2

3

除了熱食之外，這裡也有一些攤位賣著巧克力、糕餅、起司、橄欖油等，都是手工自製的。不過有些攤位不是每天出現，得碰碰運氣，看當天老天爺想帶給你的是哪些驚喜。

雖說這個市集真的很小，但附近還有幾家很值得搜寶的charity shop，吃完可以精力充沛地好好挑貨。整個環境感覺很棒。

1、2裡的食物種類與份量最適合當中餐。3路邊的床單攤位。4這個市集規模雖小，倒不失為一個休息再出發的據點。5還有一、兩個藝術品的攤位。

SHOP
精選好店

1 FARA
☞ 14 Upper Tachbrook Street

名牌二手商店。PRADA的高跟涼鞋只要20英鎊，連GUCCI的平底鞋也只要16英鎊。

2 Trinity Hospice
☞ 85 Wilton Road

名牌二手商店，商品的狀況都非常好。一件DKNY的裙子16英鎊，Limited Collection絲質大衣20英鎊，只要定期逛這裡就能有一櫥櫃價格實惠的設計師服飾。還有賣書和DVD等。

FOOD
必嚐美食

3 Gastronomia Italia
☞ 8 Upper Tachbrook Street

強烈推薦來片披薩或三明治，享受一杯卡布其諾。店裡還有許多義大利進口食品，Barilla Sfoglia di Grano鹹餅乾非常適合搭配起司。

4 PeKoPeKo Japanese Kitchen
☞ Tachbrook Street Market

Peko Peko是日本人用來形容很餓的時候。這個位於市集裡的攤位，由兩個大男生親手料理食物。特別推薦咖哩丼。他們也與倫敦最主要的日本音樂活動Japan Underground合作，在現場獨家提供美食。

5 Arabic Food攤位
☞ Tachbrook Street Market

老闆娘非常親切地讓我試吃，不論是燉羊肉與燉雞肉都非常美味，熱騰騰地澆在飯上，相當有飽足感，當然也有點破壞我還想多吃幾攤的計畫。冬天吃完整個身子都暖和了。

6 Tate Britain
☞ Millbank

英國Tate美術館系列之一，也是其中歷史最悠久的一間，於1897年開幕，擁有世界上最多的英國藝術館藏，主要展出15到19世紀的英國繪畫傑作。站在任何一個空間裡，都有忘了時間的感覺。館內每天都有不同的活動，還提供大眾以及私人導覽服務。

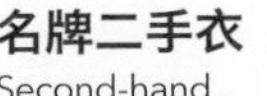

名牌二手衣
Second-hand Designers' Clothes

國家圖書館出版品預行編目（CIP）資料
漫步倫敦市集 little this, little that!
Lucy Diamond 著；初版．新北市：
一起來出版：遠足文化發行，2012.11
216面；15×21公分. --（一起來玩：5）
ISBN 978-986-88753-0-2（平裝）
1.旅遊 2.市場 3.英國倫敦
741.719 101018293

漫步倫敦市集

little this, little that!

作　　者　Lucy Diamond
攝　　影　陳美君、Winnie
美術設計　IF OFFICE
責任編輯　賴郁婷
行銷企畫　艾青荷、林家任
總 編 輯　林明月
社　　長　郭重興
發行人兼出版總監　曾大福

編輯出版　一起來出版
E-mail　cometogetherpress@gmail.com
發　　行　遠足文化事業股份有限公司
www.bookrep.com.tw
23141 新北市新店區民權路108-3號6樓
客服專線｜0800-221029 傳真｜02-86673250
郵撥帳號｜19504465　戶名｜遠足文化事業股份有限公司
法律顧問　華洋國際法律事務所 蘇文生律師

初版一刷　2012年11月
定　　價　320元

COME TOGETHER

COME TOGETHER